Uwe Timm

Am Beispiel meines Bruders

Bearbeitet von: Angela Vitt
Illustrationen: Lars Munck

GW00496449

GEKÜRZT UND VEREINFACHT
FÜR SCHULE UND SELBSTSTUDIUM

Diese Ausgabe, deren Wortschatz nur die gebräuchlichsten
deutschen Wörter umfasst, wurde gekürzt und in der
Struktur vereinfacht und ist damit den Ansprüchen des
Deutschlernenden auf einer frühen Stufe angepasst.

Oehler: Grundwortschatz Deutsch (Ernst Klett Verlag)
und Das Zertifikat. Deutsch als Fremdsprache (Deutscher
Volkshochschul-Verband e.V., Bonn – Bad Godesberg und
Goethe-Institut zur Pflege der deutschen Sprache im
Ausland e.V., München), 2. neubearbeitete und erweiterte
Auflage 1977, wurden als Leitfaden benutzt.

Dieses Werk folgt der
reformierten Rechtschreibung
und Zeichensetzung

Redaktion: Katrine Rørvig & Jette Brinkel Rosenberg
Umschlagentwurf: Mette Plesner
Umschlagfoto: Unbekannter junger Soldat auf der Ostfront, 1943. Scan-
pix/NTB
Entwurf: Jesper Emil Frederik Hansen, Klahr | Graphic Design

ISBN Dänemark 978-87-23-50570-5
www.easyreaders.eu

The CEFR levels stated on the back of the book
are approximate levels.

Easy Readers

EGMONT

Gedruckt in Dänemark

Biografie

Uwe Timm wurde 1940 in Hamburg geboren. Nach einer Kürschnerlehre übernahm er 1958 das Pelzgeschäft seines Vaters. Fünf Jahre später machte er das Abitur und studierte dann Philosophie und Germanistik in München und Paris. Seit 1971 lebt er als freier Schriftsteller in München und Berlin. Er hat vier Kinder.

Weitere Werke u.a.:
Heißer Sommer (1974), sein erster Roman.
Rennschwein Rudi Rüssel (1989), sein bekanntestes
   Kinder- und Jugendbuch, auch als Film.
Die Entdeckung der Currywurst (1993), auch als Easy
   Reader.
Rot (2001), Roman über die jüngste deutsche
   Geschichte.

Er hebt mich hoch – ein Lachen, eine Freude. Ich weiß es noch heute: Ich komme aus dem Garten in die Küche, wo die Erwachsenen stehen, meine Mutter, mein Vater, meine Schwester. Sie stehen da und sehen mich an. Was sie genau gesagt haben, weiß ich nicht mehr. Und sie haben zum weißen Schrank geblickt. Dort – und das weiß ich genau – über dem Schrank, sind Haare zu sehen, blonde Haare. Dahinter hat sich jemand versteckt – und dann kommt er hervor, der Bruder, und hebt mich hoch. An sein Gesicht kann ich mich nicht erinnern, auch nicht an das, was er trug, wahrscheinlich Uniform, aber ganz deutlich ist diese Situation: Wie mich alle ansehen, wie ich das blonde Haar hinter dem Schrank entdecke, und dann dieses Gefühl, ich werde hochgehoben – ich *schwebe*.

Es ist die einzige Erinnerung an den 16 Jahre älteren Bruder, der einige Monate später, Ende September, in der Ukraine schwer verwundet wurde.

30.9.1943
Mein Lieber Papi!
Leider wurde ich am 19. schwer verwundet. Ich bekam einen Schuss durch beide Beine. Das rechte Bein haben sie unter dem Knie *abgenommen* und das linke Bein am Oberschenkel. Große Schmerzen habe ich nicht mehr. *Tröste* die Mutti. Es geht alles vorbei und in ein paar Wochen bin ich in Deutschland. Dann kannst du mich besuchen.

---

schweben: fliegen
abnehmen: wegnehmen
trösten: beruhigen, Mut machen

Es grüßt dich und Mama, Uwe und alle
Dein Kurdel

Am 16.10.1943 um 20 Uhr starb er in dem *Lazarett*
623.

5 Mehrmals habe ich den Versuch gemacht, über den
Bruder zu schreiben. Aber es blieb jedes Mal bei dem
Versuch. Ich las in seinen Briefen und im Tagebuch, das
er während seines *Einsatzes* in Russland geführt hat: ein
kleines Heft mit der Aufschrift ‚Notizen'. Aber jedes
10 Mal, wenn ich in das Tagebuch oder in die Briefe hin-
einlas, brach ich die Lektüre schon bald wieder ab.
Solange die Mutter lebte, war es mir nicht möglich,
über den Bruder zu schreiben. Ich hätte im Voraus
gewusst, was sie auf meine Fragen geantwortet hät-
15 te: „Tote soll man ruhen lassen." Erst als auch die
Schwester gestorben war, die letzte, die ihn kannte,
war ich frei, über ihn zu schreiben. Frei, alle Fragen
stellen zu können.

Ein Foto habe ich, seit ich über ihn schreibe, in mei-
20 nem Bücherschrank stehen: es zeigt meinen Bruder
ohne Uniform, wahrscheinlich zu der Zeit aufgenommen, als er sich freiwillig zur *Waffen-SS* meldete. Ein
wenig von unten aufgenommen, zeigt es sein Gesicht,

das Lazarett: Militärkrankenstation
der Einsatz: (hier) Militäroperation
die Waffen-SS: Schutzstaffel, militärische Formation zur Zeit der
Nationalsozialisten

schmal, glatt, und die eine Falte zwischen den Augenbrauen gibt ihm etwas Strenges. Das blonde Haar ist nach links gekämmt.

Eine Geschichte, die von der Mutter immer wieder erzählt wurde, war die, wie er sich freiwillig zur Waffen-SS melden wollte, sich dabei aber verlaufen hatte. Eine Geschichte, die ich so früh und so oft gehört habe, dass ich alles fast vor mir sehe.

1942, im Dezember, spätnachmittags, war er nach *Ochsenzoll*, wo die SS-*Kasernen* lagen, hinausgefahren. Die Straßen waren verschneit. Es gab keine *Wegweiser*, und er hatte sich in der beginnenden Dunkelheit verlaufen. Kein Mensch war zu sehen. Der Mond ist eben über einem Gehölz aufgegangen. Der Bruder will schon umkehren, als er einen Mann entdeckt. Einen Moment zögert er, weil der Mann ganz still dasteht. Der Bruder kommt näher und fragt ihn, ob er den Weg zur SS-Kaserne kenne. Der Mann dreht sich langsam um und sagt: „Da! Der Mond lacht." Sie gehen dann vorbei an dunklen Bauernhäusern, aus denen man die Kühe hört. Mein Bruder fragt, ob dies der richtige Weg sei. Der Mann bleibt stehen, dreht sich um und sagt: „Ja. Wir gehen zum Mond. Da! Der Mond lacht. Er lacht, weil die Toten so steif liegen."

schmal: dünn
Ochsenzoll: Stadtgrenze zwischen Hamburg und Norderstedt
die Kaserne: das Militärgebäude
der Wegweiser: das Straßenschild

Nachts, als er nach Hause kam, erzählte mein Bruder, dass er später, nachdem er zum Bahnhof zurückgefunden hatte, zwei Polizisten getroffen habe. Sie suchten einen *Irren*, der aus einer *Anstalt* entlaufen war.

5 Und dann? Am nächsten Tag war er frühmorgens losgefahren, hatte die SS-Kaserne gefunden, wurde auch sofort genommen: 1,85 groß, blond, blauäugig. So wurde er *Panzerpionier* in der *SS-Totenkopf*division. 18 Jahre war er alt. Die Division galt unter den SS-Divisionen

10 als eine Eliteeinheit. Die Totenkopfdivision war 1939 aus der *Wachmannschaft* des Dachauer *KZ* gebildet worden. Als besonderes Zeichen trugen die Soldaten nicht nur wie die anderen SS-Einheiten den Totenkopf an der Mütze, sondern auch am Uniformkragen.

15 Seltsam war an meinem Bruder, dass er als Kind hin und wieder plötzlich weg war. Er verschwand einfach irgendwo in der Wohnung. Und ebenso plötzlich war er wieder da. Die Mutter fragte, wo er gesteckt habe. Er sagte es nicht.

20 Damals war er körperlich recht schwach, er hatte Herzprobleme. In der Zeit ging der Bruder nicht aus der Wohnung, er ging auch nicht in den Laden, der von der Wohnung aus über eine Treppe zu erreichen war. Er blieb in der Wohnung verschwunden mit den vier

---

der Irre: altes Wort für einen psychisch Kranken
die Anstalt: psychiatrische Klinik
die Wachmannschaft: die militärische Garde
KZ: das Konzentrationslager

der Totenkopf

der Panzerpionier

der Panzer

Zimmern, einer Küche, einer Toilette und einer Ab-
stellkammer. Die Mutter war aus dem Zimmer gegangen, kam wenig später zurück. Er war nicht mehr da. Sie
rief, guckte unter den Tisch, in den Schrank. Nichts. Er
war einfach weg. Es war sein Geheimnis.   5

Jahre später, als die Fenster der Wohnung gestrichen
wurden, erzählte die Mutter, sie habe sein Versteck entdeckt. Es war aus Holz und sah aus wie eine Fensterbank
und man konnte es verschieben. Dahinter lagen eine
Taschenlampe, Hefte und Bücher, die Wildtiere be-   10
schrieben, Löwen, Tiger. Dort drin muss er gesessen und

gelesen haben. Dort war er unsichtbar. Als die Mutter das Versteck fand, war der Bruder schon beim Militär. *Blass* soll er als Kind gewesen sein. Und so konnte mein Bruder verschwinden und plötzlich wieder auftauchen.

5 Er saß am Tisch, als sei nichts gewesen. Auf die Frage, wo er gewesen war, sagte er nur: „Unter dem Boden." Was ja nicht ganz falsch war. Die Mutter fragte nicht weiter, erzählte dem Vater nichts. „Er war ein etwas ängstliches Kind", sagte die Mutter. Er log nicht. Er

10 war *anständig*. „Und vor allem, er war *tapfer*", sagte der Vater, schon als Kind. Der tapfere Junge. So wurde er beschrieben, auch von Verwandten.

Sein Tagebuch beginnt am 14. Februar 1943 und endet am 6.8.43, sechs Wochen vor seiner Verwundung,

15 zehn Wochen vor seinem Tod. Kein Tag ist ausgelassen. Dann, plötzlich, bricht es ab. Warum? Was ist am 7.8. passiert?

Feb. 14. Jede Stunde warten wir auf Einsatz. Ab 1/2 10 Alarmbereitschaft.

20 Feb. 15. Gefahr vorüber, warten.

So geht es weiter, Tag für Tag.

Feb. 25. Wir greifen an. Der Russe zieht sich zurück.
Feb. 26. Feuer. Russe wird zurückgeschlagen. Nachts *in Stellung* ohne Winterkleidung am Maschinengewehr.

blass: ohne Farbe im Gesicht
anständig: korrekt
tapfer: mutig
in Stellung: auf Position

Feb. 27. Viel *Beute*! Dann geht es wieder weiter vor.
März 14. Flieger. *Iwans* greifen an. Ein paar Treffer.
März 17. Ruhiger Tag.
März 18. Ständige Bombenangriffe der Russen, 1 Bombe
in unser Quartier, 3 Verwundete. Mein Maschinen-   5
gewehr (MG) schießt nicht, ich nehme mein MG 42
und knalle drauf, 40 Schuss.

So geht es weiter, kleine Notizen, mit Bleistift, in einer unregelmäßigen Schrift, vielleicht auf einem Lastwagen geschrieben, in der *Unterkunft*, vor dem neuen   10
Einsatz.

März 21. *Donez*. Brücke über den Donez. 75 m weit weg
raucht Iwan Zigaretten, ein Fressen für mein MG.

Das war die Stelle, an der ich früher nicht weiterlas,
sondern das Heft wegschloss. Und erst als ich über   15
den Bruder, also auch über mich, schreiben wollte und
mir selbst erlaubte, mich zu erinnern, war ich frei. Ich
konnte das Heft weiterlesen.

„Ein Fressen für mein MG": ein russischer Soldat, vielleicht in seinem Alter. Ein junger Mann, der sich eben   20
die Zigarette angezündet hatte. „Ein Fressen für mein
MG."

die *Beute*: (hier) Sachen, die die Soldaten von den Russen
   gestohlen haben
der *Iwan*: gemeint sind die Russen
die *Unterkunft*: (hier) die Wohnung der Soldaten
der *Donez*: ein Fluss im Südwesten Russlands

Mein Bruder war ein Kind, das lange krank war. Hohes Fieber. *Scharlach*. Die Mutter erzählt, dass er trotz Schmerzen so diszipliniert war. Ein Kind, das viel mit dem Vater zusammen war. Die Fotos zeigen den Vater
5 mit dem Jungen, auf dem Schoß, auf dem Motorrad, im Auto. Die Schwester, die zwei Jahre älter war als der Bruder, steht *unbeachtet* daneben. Er nannte sich als Kind selber Daddum oder Kurdelbumbum.

Von mir, dem *Nachkömmling*, glaubte der Vater, ich
10 sei zu viel unter Frauen. Ich war das, was man damals ein Muttersöhnchen nannte. Ich mochte den Duft der Frauen, diesen Geruch nach Seife und Parfum, ich mochte und suchte die Weichheit der Brüste. Während er, der große Bruder, schon als kleiner Junge immer am
15 Vater hing. Und dann gab es noch die Schwester, 18 Jahre älter als ich, die vom Vater wenig Aufmerksamkeit und kaum *Zuwendung* erfuhr, so dass sie sich immer mehr voneinander distanzierten. Der Bruder, das war der Junge, der nicht log, der nicht weinte, der tapfer
20 war, der *gehorcht*. Das *Vorbild*

Über den Bruder schreiben, heißt auch über den Vater schreiben. Beide, Vater und Bruder, begleiten mich auf meinen Reisen. Wenn ich an Ländergrenzen komme

der Scharlach: eine Infektionskrankheit mit hohem Fieber
unbeachtet: nicht gesehen, unbemerkt
der Nachkömmling: lange nach den Geschwistern geboren
die Zuwendung: (hier) Liebe vom Vater
gehorchen: tun, was gesagt wird
das Vorbild: das Ideal

12

und Formulare ausfüllen muss, trage ich sie mit ein, als Teil meines Namens: Uwe Hans Heinz. Es war der Wunsch des Bruders, mir seinen Namen als zusätzlichen Namen zu geben: Heinz. Und der Vater wünschte, ich solle als Zweitnamen seinen Namen tragen: Hans. Mit 5 dem Namen weiterzuleben, im anderen. Denn 1940 war schon deutlich, dass der Krieg nicht so schnell ein Ende finden würde, und der Tod immer mehr gewann.

Warum hatte der Bruder sich zur SS gemeldet? Die Mutter meinte, aus Idealismus. Er wollte einfach dabei sein 10 und mitmachen. Als nach Kriegsende die grauenvollen Bilder und Filme von der Befreiung der KZ gezeigt wurden, wusste man, was passiert war. Die Mutter schimpfte: „Der Idealismus des Jungen wurde *missbraucht*.“ Er war erst ein *Pimpf*, dann bei der *Hitler-Jugend*. Dabei 15 wollte der Bruder nie mit Soldaten spielen. „Ich war dagegen, dass sich der Karl-Heinz zur SS meldet“, sagte sie. Und der Vater?

Der Vater war im November 1899 geboren. Er hatte sich freiwillig im ersten Weltkrieg gemeldet. Ich weiß 20 so gut wie nichts von ihm aus dieser Zeit. Nach dem verlorenen Krieg hat er, wie tausend andere, im Baltikum gegen die *Bolschewisten* gekämpft. Aber wo genau und wie lange und warum, weiß ich nicht. Und da fast

---

missbraucht: falsch benutzt
Als *Pimpf* und in der *Hitler-Jugend* waren Kinder und Jugendliche
   Teil der nationalsozialistischen Erziehung
die Bolschewisten: Mitglieder der kommunistischen Partei in
   Russland

alle Urkunden und Briefe mit den Bomben auf unser Haus 1943 verbrannt sind, kann man es nicht mehr wissen.

Ein paar Fotos zeigen den Vater. Auf dem einen von 1919 ist eine Gruppe junger Männer in Uniform zu sehen. Sie sitzen auf einer breiten Steintreppe. Er liegt mit einem anderen jungen Mann vorne. Den linken Arm hat er am Boden aufgestützt und lacht, ein blonder, gut aussehender junger Mann. Andere Fotos zeigen ihn mit Kameraden aus dem Soldatenleben. Es war ein Leben, das wohl viele der Achtzehn-, Neunzehnjährigen führen wollten: Abenteuer, Kameradschaft, frische Luft, Schnaps und Frauen, vor allem keine geregelte Arbeit – das spricht aus den Fotos.

Wenn man nach dem Beruf des Vaters fragt, kann ich darauf keine eindeutige Antwort geben: *Präparator*, Soldat, *Kürschner*. Geschichten und Anekdoten konnte er gut erzählen. Er hatte auch sehr gute historische Kenntnisse und konnte sehr lebendig erzählen. Aber dann, als ich alt genug war, um genauer nachzufragen, haben wir uns zerstritten. Als ich sechzehn war, begann ein immer größerer Kampf zwischen uns. So viele Regeln im Alltag: keine Jeans, kein Jazz, abends um 10 zu Hause sein. Ihm selbst ging es damals wirklich gut, er hatte geschafft, was er wollte. 1951 bis 1954. Das waren die drei, vier Jahre seines Lebens, in denen er so war,

der Präparator: Beruf, in dem tote Tiere, z.B. für Museen ausgestopft werden
der Kürschner: Beruf, in dem Tierfelle zu Kleidung gemacht werden

wie er auch sein wollte. Es war das Wirtschaftswunder bei uns zu Hause. Geschafft, endlich geschafft. Die Wohnung eingerichtet, ein repräsentatives Auto, ganz grün, viertürig, Modell von 1939.

Der Vater mochte militärisch begrüßt werden. In Coburg, wohin meine Mutter und ich evakuiert worden waren, kam er auf Fronturlaub und nahm mich mit in die Kaserne. Ich lernte *die Hacken zusammenschlagen und einen Diener machen.* Lustig hat das ausgesehen, erzählten mir Verwandte später. Richtig *zackig* hätte ich das gemacht. Meine ersten Erinnerungen an den Vater: Er war auf Urlaub gekommen. Am Boden standen die Lederstiefel, auf dem Nachttisch eine Pistole. Ich sah ihn mit offenem Mund daliegen und schnarchen. Es roch nach Leder, verschwitztem Leder. Wenn ich heute an meiner Armbanduhr rieche, dieser Geruch nach verschwitztem Leder, dann ist der Vater mir körperlich ganz nah.

die Hacken
zusammenschlagen …

… und ein
Diener machen

KLAK

zackig: dynamisch

15

Und dann, eines Tages, redeten die Erwachsenen anders. Sie verboten mir, was ich gerade gelernt hatte: die Hacken zusammenzuschlagen und „Heil Hitler" zu sagen. „Hörst du. Auf keinen Fall!" Das wurde dem Kind
5 leise aber deutlich gesagt. Es war der 23. April 1945, und die amerikanischen Soldaten waren in der Stadt.

Brief des Bruders an den Vater vom 11.8.43:

Wenn nur Russland bald kaputt wäre. Man müsste eben das 10fache an SS-Divisionen haben wie jetzt. Ich
10 glaube, es wäre dann schon so weit, aber wir schaffen es eben noch nicht dieses Jahr. Gesund bin ich, zu essen habe ich auch. Aber die Sorgen an zu Hause bleiben. Täglich werden hier Angriffe der Engländer gemeldet. Das ist doch kein Krieg, das ist ja Mord an Frauen und
15 Kindern – und das ist nicht human. Hoffentlich bekomme ich bald Post von dir und Mutti. Ich sende dir die besten Grüße und wünsche dir alles Gute.
Dein Kamerad Karl-Heinz

Es sind ganz alltägliche Fotos in dem Fotoband des Va-
20 ters. Zerstörte Häuser, kaputte Straßen, Städte. Ist das *Charkow*? Der Bruder war an der Rückeroberung von Charkow beteiligt. 1943. Wahrscheinlich war er nicht an dem Mord an Zivilisten, Frauen und Kindern durch die SS beteiligt, weil er bei einer Panzereinheit dien-
25 te. Aber was war mit den Opfern der Zivilbevölkerung? Den Hungernden, *Obdachlosen*, den durch Kämpfe

Charkow: zweitgrößte Stadt der Ukraine
der Obdachlose: ein Mensch ohne Zuhause

Vertriebenen, Erfroren, Getöteten. Von ihnen ist nicht die Rede. Vermutlich war für ihn dieses *Leid*, diese Zerstörung und Todesopfer normal, also human.

Die Mutter war schon alt, 74 Jahre alt, als sie in einen Bus stieg und mit einer Reisegruppe nach Russland 5 fuhr. Es ging durch die *DDR*, Polen, Weißrussland nach Leningrad und von dort über Finnland und Schweden zurück. Sie wünschte sich das Grab meines Bruders zu besuchen oder in die Nähe des Grabes zu kommen. Das war ihr Wunsch. Einmal das Grab besuchen, den Hel- 10 denhof Snamjenka in der Ukraine. Die Grabnummer: L 302.

Mein Bruder wünschte sich Schnürstiefel, die bis zum Knie gingen. Verträumt war er als Kind und auch als Jugendlicher. Er schwieg und man wusste nicht, was in 15 seinem Kopf vorging.

der Schnürstiefel

der Vertriebene: ein Mensch, der von zuhause fliehen muss
das Leid: ein großer Schmerz
DDR: Deutsche Demokratische Republik (Ostdeutschland) 1949-1990

Kein Traum ist in dem Tagebuch erwähnt, kein Wunsch, kein Geheimnis. Hatte der Bruder eine Freundin? War er schon einmal mit einer Frau zusammen gewesen? Diese Sensation, den anderen Körper zu spüren. Nähe.
5 Den eigenen Körper im anderen zu spüren und sich selbst zu öffnen.

In dem Tagebuch ist vom Krieg die Rede. Nur einmal schreibt er von einem Theater, einmal von einem Film. „April 24. Unsere Panzer kommen. April 30. Kino. Der
10 große Schatten." Hat ihm der Film gefallen? Kein Kommentar.

In der kleinen Pappschachtel, die meiner Mutter nach seinem Tod zugeschickt wurde, findet sich das Foto einer Filmschauspielerin. Hannelore Schroth. Ein schö-
15 nes, rundes Gesicht, braune Augen, dunkelbraunes Haar, volle Lippen. Der große Schatten.

9.10.43
Meine liebe Mutsch!
Dem Papa habe ich schon geschrieben, dass ich schwer
20 *verwundet* bin. Nun will ich auch dir schreiben. Man hat mir beide Beine *abgenommen*. Das rechte Bein ist 15 cm unter dem Knie abgenommen und das linke 8 cm über dem Knie. Große Schmerzen habe ich nicht, sonst würde ich gar nicht schreiben. Es wird wohl noch ein
25 paar Wochen dauern bis ich nach Deutschland komme, ich kann noch nicht reisen. Nochmals, liebe Mutsch,

verwundet: verletzt
abnehmen: (hier) wegnehmen

18

mach dir keine Sorgen und weine nicht. Sag dem Uwe nichts davon, wenn ich *Prothesen* bekomme. Dann denkt er, ich habe sie schon immer gehabt.
Viele Grüße dein
Kurdelbumbum   5

Das ist mit Bleistift geschrieben in einer schiefen, riesigen Schrift. Wahrscheinlich hatte er *Morphium* bekommen. Am 19.9.43 war er am *Dnjepr* verwundet worden.

Die Mutter hatte in der Nacht geträumt, ein Päckchen sei in der Post gekommen, und als sie es öffnete, war   10
darin *Verbandszeug* und es fiel ein *Strauß mit Veilchen* heraus.

der Strauß mit Veilchen

das Verbandzeug

Diesen Traum hatte sie genau in der Nacht seiner Verwundung. Freunden und Verwandten hatte sie davon erzählt, voller Angst. Das *Telegramm* mit der Nachricht   15
von der schweren Verwundung kam erst Tage später –

die Prothese: (hier) falsches, künstliches Bein
das Morphium: ein Gift, das gegen Schmerzen hilft
Dnjepr: großer Fluss durch Russland, Weißrussland und die Ukraine
das Telegramm: eine schnelle Nachricht (bevor Computer benutzt
    wurden)

fast gleichzeitig mit der Nachricht von seinem Tod. Die Mutter mochte keinen *Aberglauben*. Wenn sie aber von diesem Traum sprach, sagte sie: „Es gibt Dinge zwischen Himmel und Erde, von denen wir nichts wissen." Sie war sich sicher: es gab eine wortlose Kommunikation, die über räumliche und zeitliche Grenzen hinausreichte.

Die Briefe meines Bruders, die *Orden*, sein Tagebuch hat die Mutter aufgehoben. Sie lagen fünfzig Jahre in einer *Schublade* neben Seife und Parfüm. Es war ein besonderer Geruch, wonach das Tagebuch immer noch *duftet*.

die Schublade

der Orden

Was vom Bruder immer wieder erzählt wurde: der Junge verschenkte eines Tages seine Briefmarkensammlung. „Einfach verschenkt", wie der Vater stolz erzählte. – Der Junge träumte oft und war darum ein schlechter Schüler. – Einmal als ganz kleiner Junge ist er vom Fünfmeterbrett im Schwimmbad gesprungen. Er klettert die Leiter hoch und springt einfach runter. „Bravo", ruft der Vater. Er hatte vorher zum Bruder gesagt: „Los, steig doch mal rauf." – Der Junge konnte so gut

der Aberglaube: Glaube an Geister
duften: gut riechen

Schlagball spielen. – Wegen seines Herzflimmern kam er
zur Kur nach *Bad Nauheim*. Auf einem Foto steht er mit
einem Jungen. Beide zwölf oder dreizehn Jahre alt. Sie
haben die Arme um die Schultern gelegt, sie blicken
sich an mit einem Lächeln. Heinrich hieß der Junge. 5
Die Mutter sagte, er sei der beste Freund gewesen.

Sein Lieblingsessen war Kartoffelmus mit Spiegel-
eiern und Spinat. Wenn er krank war, wünschte er
sich Milchreis mit Zucker und Zimt. Er trank nicht, er
rauchte nicht. Bis er an die *Front* kam. Jetzt trank er, 10
feierte die Nacht durch und morgens dann Kriegsdienst.

Das Tagebuch erzählt nichts von Gefangenen. Entweder wurden die Russen sofort getötet oder sie kämpften
weiter.

„75 m weit weg raucht Iwan Zigaretten, ein Fressen für 15
mein MG.“

Brief des Vaters an den Sohn Karl-Heinz:

6. August 43
Mein lieber, guter Karl-Heinz,
Heute bin ich aus Hamburg zurückgekehrt. Unser 20
schönes Hamburg ist total zerstört, mindestens 80%.
Ich war gerade mit Mutti vom Bahnhof um 1 Uhr
nachts nach Hause gekommen, da hatten wir um 1 ¼

---

der Schlagball: ein Ballspiel, ähnlich wie Baseball
Bad Nauheim: Gesundheitsstadt bei Frankfurt am Main
die Front: militärische Kampfzone

21

Uhr Alarm. Ich brüllte alles was in den Betten lag nach
unten in den *Luftschutzkeller* und kaum 20 Minuten später hatten wir eine Bombe im Haus. Es brannte überall.
Von unserem Haus stehen nur noch die Mauerreste.

5 Der Vater, der zufällig auf Fronturlaub da war, und die
Schwester, damals 20 Jahre alt, hatten ein paar Dinge
gegriffen. Einen Stuhl, einen *Koffer*, ein paar Handtü-
cher, zwei Porzellanfiguren, einen Porzellanteller und
eine kleine *Kiste*. Meine Schwester dachte, in der Kiste
10 wären wertvolle Sachen. Aber später sahen wir, es war
der *Christbaumschmuck*.

der Kinderwagen

die Kiste

der Koffer

der *Luftschutzkeller*: der Bunker
der *Christbaumschmuck*: Dekoration für den Weihnachtsbaum

22

Das Kind, ich, damals drei Jahre alt, wurde in den *Kinderwagen* gelegt. Mit nassen Handtüchern wurde ich zugedeckt und durch die Osterstraße geschoben. Es war ein heißer Sommertag gewesen, der 25. Juli 1943.

Noch Jahre nach dem Krieg wurden diese Erlebnisse 5 immer und immer wieder erzählt. Der Luftschutzkeller, in den meine Mutter mit mir und meiner Schwester gelaufen war, lag an der Ecke zum Schulweg. In dem Haus war ein Laden mit dem Namen Israel. Dieses Geschäft für Lederwaren gibt es noch heute. Meine Mutter er- 10 zählte, 1938 hingen große Schilder an den Schaufensterscheiben: Achtung! Trotz des Namens, der Besitzer ist rein *arisch*! Ihr Leder-Israel.

Auch das ist ein frühes Bild, das ich mir gemerkt habe: die Menschen in dem Luftschutzraum. Ein alter Mann 15 weint. Eine Frau hält einen Vogelkäfig auf dem Schoß, in dem ein Vogel aufgeregt hin- und herspringt. Ein anderer Vogel liegt am Boden auf dem Rücken.

Brief des Bruders an den Vater:

> 17.8.43 20
> Heute Morgen kam nun der Brief und ich kann es gar nicht fassen, dass 80 % von Hamburg kaputt sein sollen. Mir standen die Tränen in den Augen. Es war doch das Zuhause, woran man Freude und Erinnerung hatte. Und das ist nun weg. 25

---

arisch: von den Nationalsozialisten benutztes Wort für ‚nicht
  jüdisch‘

Juden war das Betreten des Luftschutzraums verboten.

Beide Porzellanfiguren, die aus dem brennenden Haus gerettet wurden, sind ein wenig kaputt. In der *Nachkriegszeit* standen sie auf dem Bücherschrank. Heil ge-
5 blieben sind aber die Christbaumkugeln, die in einer kleinen Kiste von der Schwester aus dem brennenden Haus getragen worden waren.

Im Spätherbst 1943 wurden wir, meine Mutter und ich, nach Coburg zu Verwandten evakuiert.

10 Der Bruder hatte Kürschner gelernt. Er war gern Kürschner gewesen, erzählte die Mutter. Auch im Tagebuch steht das. Es finden sich darin einige Zeichnungen. Er mochte den Beruf. Nicht so wie ich, ich mochte lieber schreiben, lesen. Der Beruf Kürschner
15 langweilte mich. Aber wir beide hatten den Beruf Kürschner gelernt. Auch der Vater mochte den Beruf nicht. Aber er war selbstständig. Selbstständigkeit war ihm wichtig. Er hatte kurz nach dem Krieg unter einem zerstörten Haus eine *Pelznähmaschine* gefunden und da-
20 mit hatte es angefangen.

die Pelznähmaschine

| *die Nachkriegszeit*: die Zeit direkt nach dem Zweiten Weltkrieg

Was wollte der Vater? Er wollte nicht Kürschner und auch nicht Präparator sein. Was war sein Wunsch?

Nach der Zeit im Ersten Weltkrieg studierte er Zoologie, obwohl er kein Abitur hatte. Wie er das gemacht hat, weiß ich nicht. Er hatte einige Zeit in Stuttgart 5 gelebt. Da hat er wochenlang von Karotten gelebt. Er hat gehungert, bis er umfiel. Seine Schwester Grete, die ihn in Stuttgart besucht hatte, erzählte davon.

1921 hatte der Vater zusammen mit einem emigrierten russischen Offizier eine kleine Spielwarenfabrik. *Arbeitslose* und Kriegsinvalide fertigten Holzpferdchen an. 10 Er dachte sich Werbesprüche aus. Eine Werbung ist mir eingefallen: „Für die lieben Kleinen, damit sie lachen und nicht weinen."

In dieser Zeit lernte er meine Mutter kennen. Sie war 15 die Tochter eines reichen *Hutmachers*, der in einer kleinen Villa in Hamburg-Eimsbüttel wohnte. Es war nicht Liebe auf den ersten Blick. Aber es war Liebe, nachdem sie sich ein paarmal getroffen hatten. Der Mann gefiel ihr, dieser große, schlanke Mann in Uniformjacke, 20 die er ohne Orden trug. Ein Foto zeigt ihn auf einem *Faschingsfest*. Fast immer hält er eine Zigarette in der Hand. Er hatte kein Jackett, keinen Mantel, nur diese Uniformjacke. Im Winter trug er darunter einen alten grauen Pullover. Er hatte kein Geld aber *gute Manieren*. 25

---

der Arbeitslose: ein Mensch ohne Arbeit
der Hutmacher: Beruf, in dem man Hüte herstellt und verkauft
Faschinsfest: Karneval
gute Manieren: gute Erziehung

Der Hutmacher wollte eigentlich einen wohlhabenden Mann für seine Tochter. Aber der Vater hielt charmant um die Hand seiner Tochter an und sie durften heiraten. Kurz danach ging die kleine Spielwarenfabrik kaputt und der russische Offizier *floh* nach Paris. Der Hutmacher bezahlte alles.

Die Mutter sagte, das war ihr einziger Mann. Hätte er eine abgeschlossene Berufsausbildung gehabt, hätte er studiert, wäre er Rechtsanwalt geworden oder Architekt. Dann hätten sie immer genug Geld gehabt. So hatte er gute Manieren, aber machte eine Arbeit, die er nicht mochte und bei der er nicht viel verdiente.

Die Mutter wusste das. Sie liebte ihren Mann und hat nie, wirklich nie über ihn schlecht geredet. Sie haben sich vor mir auch nie gestritten, obwohl er mehr Geld ausgab als wir hatten. Ja, es hat Diskussionen gegeben. Sie hat ihm die Meinung gesagt: „Das kannst du doch nicht machen, Hans. Das geht nicht." Aber vor mir haben sie nie gestritten. Die Eltern waren zusammen. Und auch nach dem Tod sagte die Mutter, die damals 56 Jahre alt war: „Das war der einzige Mann, den ich wollte. Der einzige, den ich hatte." Der Vater war für das Geld zuständig gewesen. Die Mutter für den Haushalt. Sie war auch im Geschäft, *fütterte Mäntel*, sprach mit Kundinnen und kümmerte sich um das jüngste Kind. Um mich.

---

fliehen: weglaufen
Mäntel füttern: Mäntel von innen mit Stoff auskleiden

Das Wort Emanzipation brauchte sie nicht. „Wovon soll ich mich emanzipieren?", fragte sie eine junge Kundin, die 1969 einen Frauenrat mitgegründet hatte. Politik interessierte sie nur soweit, dass ihre Familie in Ruhe leben konnte. „Nie wieder darf es Krieg geben", 5 sagte sie. Sie wählte linke Parteien. Von den Rechten, dieser Mistbande, hatte sie genug.

Sie ging in die Oper, ins Theater, ins Museum und las gerne, was ich ihr sagte. Sie tat gern alles, was schön war. Es war schön, mal in die Oper oder ins Theater 10 zu gehen. Es war schön, in der Pause ein Glas Sekt zu trinken. Und es war schön, danach von dem Abend zu erzählen. Sie war nicht intellektuell.

Und die Wünsche? Die Wünsche waren für mich, den Jungen. Der Junge sollte es einmal gut haben. Und sie 15 selbst, die Mutter? Ihr Wünsche waren: Keine Geld-probleme. Reisen. Das Geschäft sollte gut gehen. Sie hatte *grauen Star* und hatte Angst, sie könnte eines Ta-ges nicht mehr nähen und nichts mehr sehen. Aber sie sagte nichts. 20

Mit 82 Jahren hat sie das Geschäft aufgegeben. Bis da-hin hat sie gearbeitet, war jeden *Werktag* im Geschäft. Sie saß in den letzten Jahren in der kleinen Werk-statt hinter dem Laden und fütterte Pelzmäntel. Das Geschäft leitete sie zusammen mit der Schwester, es 25 lief schlecht. Ich habe noch heute vor Augen, wie sie

grauer Star: eine Augenkrankheit
der Werktag: Montag bis Freitag

27

dasitzt und näht. Nachmittags ging die Schwester und holte ein Stück Kuchen. Die Mutter deckte den Tisch und kochte Kaffee. Dann saßen sie da und machten es sich schön. Abends gingen sie nach Hause und sprachen von Reisen, die sie machen wollten. Und wirklich begann die Mutter zu reisen. Bis zu ihrem sechzigsten Geburtstag hatte sie nur Deutschland gesehen, aber jetzt machte sie Busreisen nach Frankreich, Italien, England, Russland.

38 Jahre alt war die Mutter, als sie mich zur Welt brachte. 5174 Gramm schwer. Sie war klein, nur 1,61 m groß. Das Kind, das erste, kam bereits 1922 zur Welt. Sie hatten sich einen Sohn gewünscht. Aber es wurde ein Mädchen. Der Vater war sehr enttäuscht. Er wünschte sich Söhne. Söhne gaben auch ökonomische Sicherheit. „Der Vater hatte sich so sehr einen Jungen gewünscht", erzählte die Mutter. Was sollte er mit einem Mädchen? Er wusste es nicht. Und so gibt es kein Foto mit der Schwester im Arm oder an der Hand oder auf dem *Schoß*. Viel später, als die Schwester alt im Krankenhaus lag und nicht mehr richtig sprechen konnte, sagte sie: „Unser Vater hat mich immer *abgelehnt*. Nicht so wie Karl-Heinz, den hat er immer gemocht." Die Schwester stand in seinem Schatten. Sie sah der Mutter ähnlich, nur dass alles dunkler war. Dunkelbraune Augen und als Kind hatte sie fast schwarze Haare.

---

der Schoß: siehe Zeichnung auf Seite 29
ablehnen: nicht mögen

der Schoß

Und ich? Mittelblond, die Größe des Vaters, ähnlich die Kopfform. Die Haare, die Hände und Augen wie die Mutter, braun. Ich.

Hanne Lore, die Schwester. Nach der Schule machte sie eine *Hauswirtschaftslehre*. Musste dann zum *Arbeits-* 5 *dienst*. Und wäre beinahe ertrunken. Eine Führerin stieß sie in das tiefe Wasser eines Schwimmbeckens. Das war als Methode zum Schwimmen lernen gedacht. Sie schrie, schluckte Wasser, tauchte unter, kam wieder hoch, sank nach unten. Ein Bademeister rettete sie. 10

„Ich habe einfach kein Glück im Leben", sagte sie. Sie sagte es einfach so. – Kein Glück im Leben: Der erste Verlobte *fällt* als Soldat in Russland. Sie lernt einen an-deren Mann kennen, verlobt sich. Der Mann kommt 1944 in russische Gefangenschaft. Sie wartet bis 1951, 15 sieben Jahre lang. Dann kommt die Nachricht, dass der

die *Hauswirtschaftslehre:* eine Ausbildung, in der man lernt, ein Haus gut zu organisieren
der *Arbeitsdienst:* eine Organisation der Nationalsozialisten zum Arbeiten für den deutschen Staat
fallen: (hier) sterben

Verlobte in einem russischen Lager gestorben sei. Sie verliebt sich in einen Mann, der dem Vater ähnlich sieht. Groß, blond, gut aussehend. Ein Mann, der ein Juweliergeschäft hat. Sie wird seine beste Kundin, bis der Vater es ihr verbietet. Sie trifft ihn heimlich und beschenkt Verwandte mit Löffeln, Gabeln und Messern aus Silber. Der Mann, das weiß der Vater, hat noch zwei andere Verlobte. Das schreckt sie nicht. „So dumm", sagt der Vater. Aber sie war nicht dumm, sondern verliebt. Sie wollte nicht sehen, sondern nur fühlen, sich selbst spüren. Ein Leben voll Liebe. Auch wenn der Mann ihr Silber verkauft.

In unserem Stadtviertel war das ein Skandal. Die Tochter lief mit einem Mann herum, der noch zwei andere Frauen hatte. Schließlich verbat der Vater ihr jeden Kontakt zu diesem Mann. Sie war damals 32 Jahre alt. Zwischen Vater und Schwester wurde viel gebrüllt, geheult. Türen wurden geschlagen. Sie ging dann aus dem Haus und in eine Arztfamilie als Kinderfrau. Nach zwei Jahren kam sie zurück. Der Juwelier hatte inzwischen eine andere, wohlhabende Frau geheiratet.

Die Schwester arbeitet als Pelznäherin im Geschäft des Vaters. Nach dem Tod des Vaters lernt sie einen persischen Juden kennen, dessen Familie einen Teppichhandel hat. Ein freundlicher Mann, der sich jahrelang für sie interessiert. Sie mag ihn, bleibt aber distanziert. Sie geht mit ihm ins Kino, hin und wieder in die Operette. An Sonntagen, wenn die Sonne scheint, fahren sie in die Stadt, essen zu Mittag, gehen spazieren, in ein Café. Am späten Nachmittag bringt er sie nach Hause. So gehen die Jahre dahin.

Ephraim heißt der Mann. Er begegnet der Schwester und auch der Mutter mit tiefer Höflichkeit. Einmal geht die Schwester mit ihm zu einer Feier in die Syna- 5 goge, einmal besucht sie die Familie.

Ich habe sie gefragt, warum sie den Mann nicht heiratet. Sie sagt: „Er gefällt mir eben nicht so, dass ich mit ihm zusammenwohnen kann."

An einem Novembertag liest die Schwester morgens in 10 der Zeitung von einem Sturm in der Nacht über Hamburg. „In der Osterstraße stieß der Wagen des 50-jährigen Hekmat H. aus New York mit einem Taxi zusammen. Der Beifahrer des Amerikaners, der 62 Jahre alte Ephraim H. starb noch an der Unfallstelle an seinen 15 schweren Verletzungen."

Den Zeitungsausschnitt fand ich in dem kleinen Koffer, in dem sie ihre persönlichen Dokumente verwahrte. Ein paar Briefe, eine Verlobungsanzeige, Todesanzeigen, ein paar Fotos. 20

So lebte sie, bis sie krank wurde und am *Darm* operiert werden musste. Sie war gerade 63 Jahre alt. Von nun an musste sie immer mit kleinen Tüten zur Toilette. Hinterher trug sie die kleinen Tüten nach draußen in die Mülltonne. Einmal, als wir allein waren, weinte sie und 25 sagte: „Es ist grässlich!"

der Darm: ein großes Organ im Bauch

31

Ich fuhr mit dem Zug von Berlin nach Hamburg-Eimsbüttel, ins Elim. Das Krankenhaus, wo ich geboren
war und wo die Mutter gestorben war. Es war dasselbe
Sechsbettzimmer, in dem schon die Mutter gelegen hat-
5 te. Die Fenster standen offen. Es war ein heißer Sommertag. Dünn war die Schwester geworden. Das Haar
war grau-braun. Der Mund sah aus wie bei einem alten
Menschen. Später sah ich das *Gebiss* auf dem Nachttisch liegen. Unruhig war die Schwester, wollte reden.
10 Sie wollte reden, wollte erzählen, von sich, vom Vater,
von mir. „Unser Vater war immer so *fürsorglich*", sagte
sie. „Der Vater hätte diese böse Operation verhindert."
    „Aber es musste sein", sagte ich.
    „Er hätte es nicht zugelassen. Er hat sich immer um
15 mich gekümmert", sagte sie. Sie wollte es so sehen. Und
ich sagte „ja" und „vielleicht".

Karl-Heinz, der an dem Vater hing, der war ein rich-
tiger Junge. Auf den Jungen konnte man stolz sein.
Selbst noch im Lazarett.

20 In einen Brief an die Mutter hat der Bruder einen zweiten Brief gelegt. Er ist für mich, den damals Dreijähri-
gen.

    22.7.43
    Lieber Uwe!
25 Wie die Goldmutsch mir schrieb, willst du alle Russen
totschießen und dann mit mir weglaufen. Also Bub, das

---

das Gebiss: die falschen Zähne
fürsorglich: liebevoll

geht nicht. Wenn das alle machen würden? Aber ich hoffe, dass ich bald nach Hause komme, dann spiele ich mit Uwe. Wir kommen jetzt an eine andere Stelle der Ostfront. Was machst du den ganzen Tag? Brombeeren futtern? Lass sie dir gut schmecken.   5

Wie kommt ein dreijähriges Kind dazu, alle Russen tot-schießen zu wollen? Vielleicht war der Brief gar nicht für das Kind sondern indirekt an die Mutter gerichtet. Hatte die Mutter ihm gesagt, er sollte desertieren? Sol-daten durften nicht alles schreiben, was sie wollten. Es   10 ergab keinen Sinn: wenn man alle Russen totschießt, muss man nicht mehr weglaufen.

Der ängstliche Junge, der tapfere Junge.

20.7.43
Seit dem 5.7. waren es schwere Kämpfe. An manchen   15
Stellen liegen russische, amerikanische und englische
Panzer nur 50-100 m weit auseinander, manchmal drei
aneinander. Ich werde dir später alles berichten.
Schreibe nichts Mutti.
Es grüßt dich dein Kamerad Karl-Heinz   20

Der tapfere Junge hatte sich freiwillig zur SS gemeldet, einer Elitetruppe. In die Waffen-SS konnte man nur kommen, wenn man bis zu den Urgroßeltern keine jü-dischen *Vorfahren* hatte. Man musste also „rein arisch"

---

die Vorfahren: die Eltern, Großeltern, Urgroßeltern, Ururgroßel-tern,...

33

sein. Der Stammbaum war wichtig. Das Blut, das arische, deutsche Blut. Die Elite.

Die Leiter der Truppen in der Sowjetunion waren übrigens Akademiker. Ein SS-Führer, der für den Tod von
5 60 000 Menschen verantwortlich war, war Architekt. Ein Architekt des Todes. Zur Überraschung der amerikanischen Offiziere waren diese Männer keine brutalen Primitiven. Sie waren literarisch, philosophisch und musikalisch gebildete Männer! Sie hörten Mozart,
10 lasen *Hölderlin*. Und nichts, nicht Bildung, nicht Kultur hat die Täter gestoppt. Und auch bei den Opfern: Kultur, Bildung brachte keine Stärkung, keinen *Trost* – nichts.

Das deutsche, arische Blut reichte aus. Egal ob man
15 dumm oder intelligent, fleißig oder faul war, man gehörte durch das Blut zum Herrenvolk. Die SS, die Schutzstaffel, war das Vorbild. Ihren Mitgliedern wurde die Blutgruppe in den linken Oberarm tätowiert. Und schaut man sich die Häftlinge im KZ an, denen wurde
20 auch eine Nummer in den Unterarm tätowiert. Opfer und Täter waren tätowiert.

Ein Foto aus *Dachau*, nach der Befreiung des Lagers durch die Amerikaner aufgenommen. Es zeigt einen SS-Mann, der von ehemaligen Gefangenen in einem

Friedrich Hölderlin: ein bekannter deutscher Dichter (1770-1843)
der Trost: wieder Mut bekommen, wieder Freude am Leben haben
Dachau: Stadt bei München. Hier war von 1933-1945 ein Konzentrationslager (KZ)

Bach ertränkt wurde. „The evil", hat die Fotografin ihr Foto unterschrieben. Was, wenn der Bruder zur KZ-*Wachmannschaft* versetzt worden wäre?

Es war ein Wunsch des Bruders, im Afrika-Korps zu kämpfen. Eine romantische Idee. In seinem Tagebuch ₅ findet sich die Zeichnung eines Löwen, der hinter einem Baum hervorspringt. Palmenblätter, eine Schlange am Boden. Eine andere Skizze zeigt die Schaufenster eines Geschäfts. Darüber steht: „Pelze Tiere Felle. Damen- und Herrenkleidung. Tierpräparate". Dann der ₁₀ Name des Vaters. Hans Timm.

Anfang 1929 eröffnete der Vater ein Geschäft für Tierpräparationen, nachdem er einige Jahre bei einem großen Hamburger Präparator gearbeitet hatte. Den Beruf hatte er nicht gelernt, sondern als Junge bei einem On- ₁₅ kel gesehen. Er kannte die Bewegungen und Proportionen von Tieren und hatte ein großes Talent, Tiere wie lebendig auszustopfen. Die Fotos, auf denen die vom Vater präparierten Tiere zu sehen sind, zeigen es: ein Zebra, ein Löwe, viele Hunde, ein Gorilla. Es gibt auch ₂₀ verschiedene Fotos, wie der Vater den Gorilla ausgestopft hat. Der Vater im weißen Kittel modelliert den Gorillakörper in Gips. Und wie das Tier fertig da steht. Alles ist gut zu sehen, sogar die Zehen an den Füßen und auch sein kleiner Penis. Die Augen des Tiers glän- ₂₅ zen. Der Gorilla wurde für ein amerikanisches Museum gearbeitet. Für welches weiß ich leider nicht. Der Vater hat für Museen und für private Kunden gearbeitet.

| *die Wachmannschaft*: militärische Wache, Aufpasser

35

Seine Arbeiten wurden in *Fachzeitschriften* gedruckt. Anfang der Dreizigerjahre bekam er die Möglichkeit, für das naturkundliche Museum in Chicago zu arbeiten. Er hat lange überlegt. Aber dann entschied er sich in
5 Deutschland zu bleiben. Wegen der Familie. Und weil er Amerika nicht mochte. Er wollte in Deutschland bleiben. Deutsch war sein Reisepass, es war die *Heimat*, die Sprache, das *Volk*.

Nach dem Krieg, in dem harten Winter 1946, beka-
10 men wir ein Carepaket aus Amerika. Oatmeal, brauner Zucker, Trockenmilch, Maple-Sirup. In dem Paket waren auch zwei Hemden und ein paar schwarze Schuhe,

die Fachzeitschrift: spezielles Magazin zu einem Beruf
die Heimat: wo man zu Hause ist
das Volk: Menschen einer Nation

neu, mit Ledersohlen. Hinten war ein roter Fleck im Gummiabsatz. Schuhe wie ein Kunstwerk. Der Vater sagte damals oft: „Ich Idiot, warum bin ich nicht nach Amerika gegangen." Er zog die Schuhe an, obwohl sie ihm zwei Nummern zu klein waren. Er trug sie einen 5 Sommer lang, bis er *Hühneraugen* hatte. Dann zog er sie nicht mehr an und tauschte sie auf dem Schwarzmarkt gegen Essen, Zigaretten und drei Tafeln Schweizer Schokolade. An jedem Abend bekam ich ein Stückchen Schokolade. Auch das erinnere ich genau. 10

In Coburg wurde im April 1945 eine Barrikade hinter der Brücke über die *Itz* gebaut. Ein Soldat sollte die Barrikade vor den Amerikanern verteidigen. Es war ein warmer, sonniger Tag im Frühling. Am Morgen war ich beim Spielen in ein Loch vor dem Haus gefal- 15 len. Ein deutscher Soldat holte mich heraus. Kurz darauf verschwanden die deutschen Soldaten, zogen ihre Uniformen aus und ließen ihre Waffen einfach liegen. Ein amerikanischer Panzer drückte langsam den mit Steinen beladenen Möbelwagen, der die Brücke sper- 20 ren sollte, weg. Kurz darauf klingelte es. Meine Mutter, voller Angst, öffnete die Tür. Da standen drei G*Is*. So ging das Dritte Reich in Coburg zu Ende.

Es war die Befreiung. Eine Befreiung von Soldaten, die nach Leder riechen. Von Lederstiefeln. Die Sieger ka- 25 men mit Gummisohlen, ganz leise. Wie die Soldaten in

das Hühnerauge: Verletzung am Zeh
die Itz: Fluss in Coburg
G*Is:* US-amerikanische Soldaten

37

ihren *khaki* Uniformen lässig in den Jeep stiegen. Sie warfen uns Kindern Kaugummi, Schokolade und Kekse zu. Das kannten wir gar nicht. Ein Nationalsozialist in brauner Uniform war noch vor zwei Tagen gegrüßt wor-
5 den, nun fegte er die Straße. Die Jeeps fuhren an ihm vorbei und er wurde mit Dreck bespritzt. Von einem Tag auf den anderen waren die Erwachsenen, die Großen, klein geworden.

Es war ein Sieg für die amerikanischen Lebensformen,
10 für Film, Literatur, Musik, Kleidung. Die Väter hatten nicht nur militärisch, sondern auch mit ihrer Lebensform kapituliert. Eine Generation war plötzlich militärisch, politisch und in der Mentalität *entmachtet*. Es gab die Grußpflicht. Die Männer mussten vor den

khaki: gelbbraun
entmachtet: ohne Macht, schwach, hilflos

englischen Siegern die Mützen abnehmen, die Hüte ziehen. Das Kind, ich, beobachtete Erwachsene, die die weggeworfenen *Kippen* der GIs aufhoben. Männer, die eben noch laut kommandiert hatten, flüsterten plötzlich. Der Vater mochte die amerikanische Musik, den Film, den Jazz nicht. Amerikanismus. Die Kommandogewalt hatten die Männer im öffentlichen Leben verloren. Nun kommandierten sie nur noch zu Hause.

In der Schule durfte ich nicht mehr nach den alten Schulbüchern unterrichtet werden. Ein Lehrer, der in der Nazizeit aus politischen Gründen nicht unterrichten durfte, unterrichtete jetzt Deutsch und Geschichte. Er sprach über die Verbrechen der Nazis und fragte, warum alles so gekommen war. Der Vater, dem ich davon erzählte, wurde ärgerlich. Aber tun konnte er nichts.

In dem besetzten Frankreich hatte der Vater einmal gesehen, wie ein deutscher Soldat einem Jungen einen Apfel schenken wollte. Der Junge nahm den Apfel und warf ihn stolz weg. Auf einer Zugfahrt wollte mir später ein amerikanischer Offizier eine Tafel Schokolade schenken. Ich wollte sie nicht. Der Amerikaner schüttelte den Kopf. Wie stolz war der Vater da auf mich! Natürlich hätte Karl-Heinz das auch so gemacht.

Der Vater war nach der englischen Gefangenschaft nach Hamburg gegangen. Er besaß damals gar nichts.

| *die Kippe*: eine gerauchte Zigarette

39

Nur seine grüne *umgefärbte* Luftwaffenuniform. Die Mutter und ich kamen 1946 von Coburg zurück. In den *Trümmern* hatte der Vater dann die Pelznähmaschine gefunden, hatte sie geölt, geputzt und in einem Keller, in dem wir auch wohnten, ein Kürschnergeschäft eröffnet.

Der Vater schlief auf einer Holzplatte, auf der er am Tag mit den Fellen arbeitete. Ich kann mich nicht erinnern, wo die Schwester damals war. Wahrscheinlich bei Verwandten in Schleswig-Holstein. Ich schlief mit der Mutter in dem einzigen Bett. Wir schliefen in Pullovern und Mänteln. Tagsüber sitzt der Vater an der Pelznähmaschine und näht *Fehfelle* zusammen. Eine schwierige Kleinarbeit. Aus Fehfellen war der erste Pelzmantel, den er in seinem Leben angefertigt hat.

das Fehfell

Nach zwei Jahren konnten wir aus dem Keller ausziehen. Wir hatten jetzt eine Wohnung. Mutter und ich wohnten in einem Zimmer, das heizbar war und trocken. Und nach weiteren drei Jahren zogen wir in eine

---

umfärben: eine andere Farbe geben
die Trümmer: (nur Plural) Ruinen, kaputte Hausreste

Wohnung, die über einem Laden mit *Werkstatt* lag. Den Laden ließ er umbauen, zwei große Spiegel für die Kunden aufstellen. Zwei Kürschner und sechs Näherinnen arbeiteten nun für ihn. Dem *Meister*, Herrn Kotte, fehlte ein Auge. Er war Panzerfahrer gewesen. Ein *Granatsplitter* hatte ihn ins Auge getroffen. Kotte war kein guter Kürschner. Die Mäntel, die er machte, hatten oft Fehler. Die Fellhöhe stimmte nicht, auch nicht die Farben und die Haarhöhe.

„Er sieht schlecht mit nur einem Auge", sagte der Vater. Es gab Reklamationen, aber er behielt diesen Kürschner.

Wenn ein Fest gefeiert wurde – und es wurde viel gefeiert – dann wurde ein junger Kürschner zu uns gebracht, der auch ein Kürschnergeschäft hatte. Dem Mann waren beide Beine abgeschossen worden. Kollegen fuhren ihn im Auto zu uns. Der Vater trug ihn auf den Armen in die Werkstatt. Es gab Fleisch und Würstchen mit Kartoffelsalat. Der Mann, dessen Beine am *Rumpf* amputiert worden waren, wurde auf einen Stuhl gesetzt. Hin und wieder trug der Vater ihn zur Toilette. Es wurde viel gelacht, wenn er da war. Und auch der junge Mann lachte. Er konnte herzhaft lachen, laut lachen, viel lachen. Als Kind wunderte ich mich darüber. Und als alle gegangen waren, trug der Vater den jungen Mann wieder hinaus, in das wartende Auto.

die Werkstatt: ein Raum zum Arbeiten
der Meister: der leitende Handwerker
der Granatsplitter: kleines Teil von einer Bombe
der Rumpf: der Oberkörper

Danach saßen die Mutter und der Vater vor den leeren
Tellern, Gläsern und Flaschen. Sie rauchten und sagten
nichts. Auch die Mutter rauchte eine Zigarette. Hatte sie zu Ende geraucht, sprach sie jedes Mal über den
5 beinamputierten Kürschner. Hätte der Bruder mehr
Bluttransfusionen bekommen, hätte er vielleicht jetzt
noch leben können. Hatten die Ärzte wirklich alles ge-
tan, um sein Leben zu retten? Der Bruder hatte nach
der Operation noch 27 Tage gelebt, hatte Briefe aus
10 dem Lazarett geschrieben. Hatte es nicht genug *Blut-
konserven* gegeben? Das fragten sich die Eltern.

Der Vater hatte nochmals an den Arzt geschrieben und
wollte genaue Informationen haben. Er schrieb an die
Totenkopfdivision. Die Antwort war: die Kompanie
15 ist aufgelöst worden und die Soldaten sind auf andere
Kompanien verteilt worden.

17.3.43
Brief an den Vater:
Du schreibst mir, dass ich der Mutti nicht schreiben
20 soll, dass ich kämpfe. Ich kann dir sagen, dass ich bisher
nichts davon geschrieben habe. In Zukunft werde ich
ihr auch nichts davon schreiben.

Die Mutter hatte in Trauer von ihm Abschied genommen. Der Vater aber konnte nicht trauern. Er hatte nur
25 Wut. Die Kameraden kamen am Abend, sie saßen zusammen und tranken Cognac und Kaffee und redeten

---

die Bluttransfusion: der Patient bekommt neues Blut
die Blutkonserve: darin ist frisches, neues Blut

über den Krieg: Warum war der Krieg verloren gegangen? Was hätte anders sein sollen, damit man den Krieg gewonnen hätte? Diese Gespräche kann man heute nicht mehr verstehen.

Eine Zeitlang überlegte der Vater, Mitglied einer Partei 5 zu werden. Er konnte gut reden. Er war aber auch nicht in die *NSDAP* eingetreten.

In den Fünfzigerjahren, ich war gerade vierzehn, merkte ich immer mehr den Kontrast im Leben des Vaters. Da war einmal der Vater, der kaufte sechs gleiche Hemden. 10 Oder es kam ein *Schneider*, der schneiderte zwei Monate nur für die Familie Kostüme, Hosen, Jacken, Anzüge für den Vater. Meist in grau: hellgrau, mittelgrau, dunkelgrau. Uniformjacken. Frauen begrüßte er mit einem *Handkuss*. Er konnte vor vielen Leuten Witze erzählen. Oft waren es 15 Witze über bekannte Politiker im Dritten Reich: Hitler, Goebbels, Göring, Ribbentrop. Dann stand er auf, setzte sich ans Klavier, begann zu spielen, zu improvisieren. Das Reden, das Lachen der Leute wurde leiser, alle hörten zu. Er war bei Feiern gern gesehen, der Vater. 20

der Handkuss

die NSDAP: Nationalsozialistische deutsche Arbeiterpartei, die
   Partei von Adolf Hitler
der Schneider: ein Handwerker, der Kleidung herstellt

Da war aber auch der andere Vater. Abends saß er und rechnete. Es fehlte das Geld. Er seufzte, schüttelte mit dem Kopf. Ja, er war beruflich selbstständig. Aber er hatte immer auch *Schulden* bei der Bank. Am Morgen
5 telefonierte er mit den Banken. Sonst war er immer so stolz. Aber am Telefon musste er sich klein machen und um Geld bitten. Bei den Banken und auch bei Kollegen. Um 500 Mark, 3000 Mark, 5000 Mark bitten. Das war 1954 sehr viel Geld. Wer fehlte, das war der gro-
10 ße Sohn, mein Bruder. Der hätte helfen können. Der war Kürschner gewesen. Nun war ich die Hoffnung der Familie. Ich sollte auch Kürschner werden, musste es. Aber im Moment war ich noch zu jung.

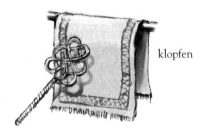

klopfen

Die Sommer waren schwierig. Im Sommer wurden kei-
15 ne neuen Pelzmäntel gebraucht. Im Frühjahr holten wir die Mäntel von den Kundinnen ab, sie wurden *geklopft* und in einen Raum gehängt, der mit einem Mittel gegen *Motten* eingesprüht worden war. Die Mäntel wurden im Sommer hin und wieder aus dem Raum getragen und
20 im Freien geklopft. Das Geld, das wir im Sommer ver-

---

die Schulden: (Plural) man muss Geld zahlen aber macht es nicht
die Motte: kleines Tier, das Stoffe kaputt frisst

dienten, war nicht genug. Im Sommer telefonierte der Vater mit den Banken und Kollegen. Einmal schickte er die Mutter und mich im Sommer aufs Land. Wir sollten fünf Wochen in einem Hotel wohnen. Der Vater wollte drei Tage bleiben. Ein Foto zeigt ihn: er trägt 5 Schuhe, eine hellgraue Hose, ein helles Hemd, einen dunkelgrauen Pullunder. Man konnte meinen, er wäre ein Engländer. Im Hotel rauchte er. Nachmittags trank er Cognac und Kaffee. Mit seinen Gedanken war er woanders. Schon am zweiten Tag fuhr er nach Hamburg 10 zurück.

Zwei Wochen später musste meine Mutter den Urlaub abbrechen. Der Mann zu Hause war krank geworden. Ein *Geschwür am Zwölffingerdarm* wurde diagnostiziert. Die Mutter kocht *Haferschleim*. Zwei Jahre später 15 bekommt er einen Herzinfarkt. „Danach ging es ihm schlecht", sagte die Mutter. Die Nachkriegszeit ging zu Ende. Der Schwarzmarkt der Nachkriegszeit war gut für den Vater gewesen. Er konnte gut improvisieren. Eine kurze Zeit lang brauchte man keine Zeugnisse, keine 20 Zertifikate und keine Diplome. Man braucht Ideen, Visionen, gute Redekünste und menschliche Kontakte. Ein bisschen wie in Amerika. Der Vater mochte Amerika nicht, aber die amerikanische Lebensform passte genau zu ihm. Man findet eine alte Pelznähmaschine, 25 reinigt und ölt sie und eröffnet ein Kürschnergeschäft. Die ersten Fehfelle hatte er von einem russischen Of-

das Geschwür am Zwölffingerdarm: eine schwere Krankheit im
   Magen
der Haferschleim: dieser Brei ist gut gegen Magenkrankheit

fizier kompliziert eingetauscht. Nach dem Handbuch ‚Der deutsche Kürschner' hat er sie dann zu einem Mantel verarbeitet.

Er konnte gut verkaufen. Er war groß, schlank, blond
5 und im Sommer braun gebrannt mit blauen Augen. Er war charmant und konnte gut reden. Das war, was er gut konnte.

Die Zeit der Improvisation ging Mitte der Fünfzigerjahre zu Ende. Auch bei Pelzen wollten die Kunden nun
10 eine andere Qualität haben: teure Pelzmäntel aus teuren Fellen, die der Vater nicht bezahlen konnte. Auch die Technik änderte sich. Er hatte nicht Kürschner als Beruf gelernt und konnte die neue Mode nicht mitmachen.

15 Als er der charmante, gut aussehende, interessierte, witzige Mann war, kamen viele wohlhabende Kundinnen zu ihm. Aber dann kauften sie plötzlich in den großen neuen, eleganten Geschäften in der Stadt. Das Geschäft ging nicht mehr. Der Vater fuhr in die Stadt
20 und schaute in die Kaufhäuser. Die Mäntel dort waren viel billiger als seine Pelze. Sie wurden in *Jugoslawien* oder Griechenland hergestellt.

Wenn der Karl-Heinz da wäre.

Der Bruder hatte sich Schnürstiefel gewünscht, wie

Jugoslawien: heute in mehrere Staaten aufgeteilter Staat in Südosteuropa, z. B. Bosnien und Kroatien

sie damals Piloten trugen oder auch Motorradfahrer, *SA-Männer*. Er sparte sein Taschengeld, bis er die Stiefel kaufen konnte. Ein Bild zeigt ihn in HJ-Uniform mit diesen hohen Stiefeln.

Ich habe meine ersten Jeans erst nach monatelangem 5 Kampf kaufen dürfen. Da war ich 14 Jahre alt. In diesen Jeans ging ich in die Stadt. Das Gehen war ganz anders als bei meinen alten Hosen. Viel lässiger. Der Vater mochte das nicht. Ich ging ins Amerikahaus. Dort wurden Filme gezeigt und ich konnte Bücher ausleihen. 10 Bildbände. Was für eine andere Welt als das Trümmerland Deutschland. Ich las *Hemingway*, kaufte mir zu den Jeans ein Hemd. Und ein Tagebuch. Ich wollte einmal eine Zeit lang in den USA leben oder auswandern.

Wie sah der Bruder sich selbst? Welche Gefühle hatte er? 15 Es steht in seinen Notizen und seinen Briefen nur, dass er den Mythos von der tapferen Waffen-SS kritisierte.

Am 25.7.43 schreibt er in einem Brief aus der Ukraine:

Wir wohnen jetzt schön sauber. Hier gibt es auch schöne junge Mädchen. Ich lache mir eine an – äh, ich 20 meine, ich lache mir doch keine... Ich glaube, die Leute hier haben noch nichts mit der SS zu tun gehabt. Sie freuten sich alle, winkten, brachten uns Obst.

SA-Männer: Männer in der Sturmabteilung, die für Hitler vor dem Krieg auf der Straße gekämpft haben
Ernest Hemingway: großer US-amerikanischer Schriftsteller (1899-1961)

In diesem Brief sind zwei rosa *Nelken*. Seit sechzig Jahren liegen die Nelken in dem Brief. Vielleicht wurden dem Bruder diese Nelken von einem ukrainischen Mädchen geschenkt. Und dann der Satz, der witzig sein
5 soll. „Ich lache mir doch keine..." Es war den SS-Soldaten streng verboten, mit ukrainischen Frauen und Mädchen Kontakt zu haben.

die Nelke

Im Tagebuch steht: „Wir bauen die *Öfen* der Russenhäuser ab, zum Straßenbau." Wurden aus den Holzhäu-
10 sern die Steine von den Öfen herausgebrochen, um damit die Straßen für die Lastwagen zu bauen? Es hört sich so an. Im Tagebuch steht: „Abfahrt. Aber nach 500 m müssen wir zurück. Die Lastwagen kommen nicht durch den *Schlamm*. Alle 100 m müssen wir sie schie-
15 ben. Die Straße wird immer schlechter." Die Öfen wurden abgebaut. Damit wurden aber die Häuser zerstört. Was haben die Menschen gesagt? Haben sie geweint? Was sollten sie im Winter ohne die Öfen machen?

der Ofen: das war damals die Heizung
der Schlamm: sehr nasse Erde

48

Er war, als er das schrieb, 19 Jahre und drei Monate alt. Er sollte noch zwei Monate leben. Er hatte eine Ausbildung gemacht, kam mit 18 Jahren zum Arbeitsdienst, wurde im Herbst 1942 in der Nähe von Stalingrad beim Straßenbau eingesetzt. Er kam dann zur Waffen-SS 5 nach Frankreich, im Januar 1943 nach Russland. Gefühle konnte er nicht zeigen. Einmal erzählte er meiner Schwester, er hätte gern einen Tanzkurs gemacht. Aber dazu blieb keine Zeit. Er wollte auch Segelfliegen lernen. Das war sein größter Wunsch – Fliegen. 10

Einmal schreibt er in seinem Tagebuch von einem besonderen Essen.

29.7.
Im Dorf geschlafen. 8 Uhr Angriff. Feuer. Wir bringen die Verwundeten zurück. Nachmittags Feuer von 15 den Russen. Wir feuern auch. Bombeneinschlag. Ich verwundet. Im Soldatenheim übernachtet, Marmeladenbrote gegessen.

Im Tagebuch des Bruders findet sich keine SS-Ideologie. Es ist der normale Blick auf den Kriegsalltag. 20

Was er der Mutter schreibt, was er dem Vater schreibt und was er im Tagebuch schreibt, das ist alles unterschiedlich. Brief an die Mutter vom 22.7.1943: „Es ist ja doch traurig, wenn wir nie im Kampf eingesetzt werden. Man kann keine Orden bekommen. Aber du weißt ja, 25 dass das mir nicht so wichtig ist. Die Hauptsache ist, ich komme nach Hause." Zu der Zeit war er schon seit Monaten im Einsatz, hatte an der Rückeroberung von

Charkow teilgenommen und im Juli an der Schlacht bei *Kursk*. Das steht 14 Tage vor dem Brief an die Mutter in seinem Tagebuch. Alles wurde mit Bleistift geschrieben. Der Bleistift liegt noch immer in dem Kästchen.
5 Oft schrieb er unleserlich, man kann es kaum lesen.

5.7.
0.30 Abfahrt
6.7.
Um 4 Uhr greifen 73 russische und englische Panzer an,
10 ganz schwere Panzer. Michels Wagen bekommt einen Treffer und geht in die Luft. Einfach weg. Unser Wagen brennt. Berg, Janke und ich bleiben drin. Ich werfe alles was brennt raus. Mit Vollgas aus dem Feuermeer. Wilhelm tot, Gerd Klöpfer verwundet.
15 9.7.
Im Wald geschlafen. Flieger kommen, es kracht.
10.7.
Kein Einsatz. Im Wald. Essen gut.
11.7.
20 Warten. Ich habe Wache.
12.7.
Holz fällen, damit Panzer fahren können.
13.7.
Kriel und Jauch verwundet und *vermisst*. Um 2 Uhr
25 Lemke und ich los um Kriel und Jauch zu holen. Schuss am Helm. Maschinengewehr. Es geht nicht, wir müssen zurück. Nachts prima geschlafen.

Kursk: Stadt in Russland, direkt an der Grenze zur Ukraine
vermisst: verloren, nicht gefunden

Das war das Zentrum der Schlacht bei Kursk, wo die drei ‚Elitedivisionen' eingesetzt worden waren. Von dieser Schlacht behauptete der Vater und später auch Militärhistoriker, sie sei der *Wendepunkt* im Krieg gewesen. 5

Die deutsche Offensive begann am 5. Juli 1943 mit 900 000 deutschen Soldaten, 1026 Panzern und 1830 Flugzeugen. Dem standen 1,3 Millionen Rotarmisten mit 3600 Panzern und 2600 Flugzeugen gegenüber. Am 13. Juli schreibt der Bruder in sein Tagebuch: „Es geht 10 nicht. Wir müssen zurück." Auf deutscher Seite wurden 3300 Gefallene und 7420 Verwundete gemeldet. Später erhöhten sich die Verluste auf 20 720.

Nach dem Krieg und mit dem Wissen um die systematische Tötung der Juden wurde diskutiert, wie man den 15 Krieg hätte gewinnen können. Diese Diskussion ist für mich nicht zu verstehen. Auch zuhause wurde diskutiert, wenn sich Kriegsteilnehmer mit dem Vater trafen. Ein Wechsel der Strategie? Der größte Fehler: der Angriff auf die Sowjetunion erst am 21. Juni 1941. Dadurch 20 fehlten fünf Wochen und die Truppen standen vor Moskau, als der Winter einbrach, usw. Die Wehrmacht als Reiseunternehmen. Lachs aus Norwegen, die gute Butter aus Dänemark und Frankreich: Wein, Champagner. Und die Frauen? Einfach Klasse. Und der Osten? Der 25 Osten war weit. Da könnten Deutsche wohnen.

Der Vater war bei der Luftwaffe. Davon erzählte er, von seinen Flügen über Finnland und Russland. „Die

| *der Wendepunkt:* Beginn einer anderen Richtung

51

Luftwaffe hatte mit dem Mord an den Juden nichts zu tun", sagte er. Die hatte nur tapfer gekämpft. Beim Recherchieren für mein Schreiben hatte ich Angst, dass er und auch der Bruder bei der Erschießung von Zivilis-
5 ten, von Juden, dabei gewesen war. Aber das war, wahrscheinlich, nicht der Fall. Es war für beide nur normaler Kriegsalltag: „75 m weit weg raucht Iwan Zigarette. Ein Fressen für mein MG."

Die Waffen-SS trug dieselbe Uniform wie die Wachen
10 der KZ.

Die Generation der Väter, also die Generation der Täter, lebte vom Erzählen und vom Verschweigen. Nur diese zwei Möglichkeiten: entweder die ganze Zeit vom Krieg reden oder gar nicht. Die Frauen und Alten er-
15 zählten von den Bombennächten in der Heimat. Sie erzählten alle Details und im Kleinen ging das Schreckliche verloren. Beim gemütlichen Zusammensein wurde das Schreckliche zur Anekdote.

Einmal sah ich den Vater, wie er am Heizungskamin
20 stand und sich wärmte, die Hände auf dem Rücken. Er weinte. Ich hatte ihn nie weinen sehen. „Ein Junge weint nicht", hatte der Vater immer gesagt. Das war nicht nur ein Weinen um den toten Sohn, es war ein ganz tiefes Weinen. Es war mit Worten nicht zu sagen.
25 Eine tiefe *Verzweiflung*. Und auf meine Fragen schüttelte er immer wieder den Kopf.

| *die Verzweiflung*: die Depression

Was waren das für Bilder, die ihn bedrängten? Vielleicht war das, was er in einem Lager für russische Kriegsgefangene gesehen hatte und erzählte, nur ein Beispiel für viele andere grausame Erlebnisse. Er hatte einmal erzählt, wie ein russischer Gefangener versuchte zu fliehen und der Posten auf ihn schoss. Er hatte dem Mann so in den Kopf geschossen, dass das *Gehirn* herauskam. Sofort stürzten sich andere Gefangene auf den Toten und aßen das Gehirn aus Hunger auf. Vielleicht hatte der Vater selbst geschossen, dachte ich für einen Moment. Aber dann beruhigte ich mich. Der Vater hatte ja keine Schusswaffe gehabt.

das Gehirn

Fast alle hatten weggesehen und geschwiegen, als die jüdischen Nachbarn abgeholt wurden und einfach verschwanden. Die meisten schwiegen auch nach dem Krieg, als man hörte, wohin die Nachbarn verschwunden waren. Dieses Totschweigen war schrecklicher als Reden. Es war eine kranke Generation, die ihr Trauma in einem lärmenden *Wiederaufbau* verdrängt hatte. Man sagte nur: Hitler, die Verbrecher. Mehr nicht. Damit machte man sich selbst zum Opfer. Täter waren andere.

der Wiederaufbau: nach dem Krieg wurden Häuser, Straßen, etc. neu gebaut

53

Zum ersten Mal erlebte ich den Vater *angetrunken* auf einem Ausflug in die *Lüneburger Heide*. Mit anderen Kürschnern wurde festlich gegessen. Dazu guten Weißwein. Der Vater saß an einer langen weißgedeckten Ta-
5 fel und unterhielt die um ihn sitzenden Kollegen und deren Frauen. Es wurde viel gelacht und er lachte laut mit, sehr laut. Eine gute Stimmung, die ich als Kind mochte. Alle waren fröhlich. Er sei, wie der Vater später sagte, besonders fröhlich gewesen.

10 Aber dieser Zustand des Fröhlichseins wiederholte sich immer öfter. Der Vater, der nicht wirklich fröhlich war, wurde immer ruhiger, immer stummer, wenn er getrunken hatte. Er ging schon am Nachmittag in eine *Gastwirtschaft*. Hier saßen Freunde und Bekannte.
15 Man trank ein Bier, ein Glas Wein. Aber es waren dann mehrere Biere und mehrere Weine. Später, 1957/1958, kam dann auch Schnaps hinzu, der Cognac. Die Sorgen waren der Grund für das Trinken. Im Geschäft lief es nicht mehr gut, die Geldschulden wurden mehr. Das
20 war zu viel für den Vater. Der Karl-Heinz fehlte. Er fehlte als Kürschner und er fehlte als Freund und Kamerad. Ich war damals zu jung, war noch in der Ausbildung. Aber ich konnte schon sehen, dass der Vater kein guter Kürschner war.

25 Von Jahr zu Jahr wurde ich kompetenter als Kürschner. Wollte der Vater mir etwas zu einem Pelzmantel erklären, dann konnte ich nur lachen. Ja, ich lachte wirk-

---

angetrunken: zu viel Alkohol getrunken
die Lüneburger Heide: große Naturregion südlich von Hamburg
die Gastwirtschaft: eine Bar, eine Kneipe

lich. Der Vater merkte, dass er nicht so kompetent war. Er reagierte immer *autoritärer*. Mit der Zeit stritten wir immer lauter, schließlich brüllten wir uns an.

Ende der Fünfzigerjahre wartete er nicht mehr im Laden auf Kunden. Er trank immer öfter in einer der Kneipen. 5 Er wollte nicht mehr im Laden auf Kundinnen warten, die nicht kamen. Wenn eine wichtige Kundin kam, mussten wir ihn aus der Kneipe holen. Er lutschte dann ein Pfefferminzbonbon, das er immer in der Tasche seines Arbeitskittels hatte. 10

Was sagte die Mutter dazu? Wie konnte sie so leben? Sie kannte ihn ja als charmanten, *geselligen* Mann. Sie war eine disziplinierte, freundliche Frau. Sie zeigte nicht, dass sie es fürchterlich fand, wenn er angetrunken war, unsicher im Gehen und sich schwer auf den Stuhl fal- 15 len ließ. Sie zeigte auch nicht, wie sie sich fühlte, wenn er am Schreibtisch die Asche verstreute und die brennende Zigarette ihm aus der Hand fiel. Kein Kopfschütteln, kein Kommentar.

Er las nicht mehr. Er erzählte nur noch selten und dann 20 auch nur, wenn er getrunken hatte. Er stand morgens spät auf. Der Krawattenknoten, der früher stets exakt gebunden war, hing ihm unter dem offenen Kragenknopf. Im Geschäft saß er in einem Sessel und blickte durch die offene Ladentür hinaus in den Sommer. Aber 25 so, wie er dasaß und hinaus blickte, war es kein War-

autoritär: streng, wie ein Diktator
gesellig: offen, kontaktfreudig

ten mehr auf Kundschaft. Zu der Zeit war es schon die Mutter, die den Laden führte und auch in der Werkstatt immer mehr Aufgaben hatte. Mit den Finanzen hatte sie nichts zu tun, das machte noch der Vater. Die
5 Selbstständigkeit war gefährdet, das wusste sie.

33 Jahre hat die Mutter den Vater überlebt, 89 Jahre wurde sie. An einem Nachmittag rief meine Schwester an, sie weinte. Die Mutter hatte einen *Schlaganfall* bekommen, war im Krankenhaus, im Elim. Als ich zu ihr
10 kam, lag sie da, eine Seite war *gelähmt*. Ein *Lallen* kam aus ihrem Mund, aber mit der rechten Hand und den

der Schlaganfall: eine plötzliche Krankheit im Gehirn
gelähmt: ohne Bewegung, ganz still
das Lallen: lalalala, wie ein Baby

56

Fingern drückte sie mir dreimal kurz die Hand. Das war unser Zeichen als ich als Kind mit ihr durch die Stadt ging. Wir zeigten uns damit etwas Besonderes. Ohne Worte. Wenn sie einen lustigen Hut sah oder ich einen Mann mit einem kleinen Hund, dann drückten wir uns 5 dreimal kurz die Hand. Wir gingen auch gern ins Café und aßen Torte. Sie trank Kaffee, ich Kakao. Wir saßen zwischen den Kuchen und den Frauen im Café und überlegten: Woher kamen die Frauen? Hatten sie Kinder? Lebten die Männer noch? Wir hatten große Lust 10 an Geschichten. Dann gingen wir nach Hause.

Ein Foto zeigt ihre Eltern: im Wohnzimmer ihres Hauses sitzend, mit dem Klavier, den Bildern. Der Schreibtisch, die Lampen sind im *Jugendstil*. Mein Großvater muss in der Zeit sehr gut verdient haben. Es war die Zeit 15 der Hüte. Große, breite Hüte mit *Federn*. Nach dem Krieg kamen die *Topfhüte* in Mode. Frauen trugen in der Stadt Hüte, wie die Mutter es immer tat.

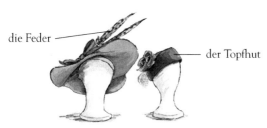

die Feder   der Topfhut

Der Großvater sitzt im Sessel, die Zigarre in der Hand. Neben ihm eine kleine, dicke Frau mit bösen Augen. 20 Niemand konnte verstehen, warum er diese Frau ge-

| *der Jugendstil:* Kunst- und Stilrechtung um 1900

heiratet hatte, nachdem seine erste Frau gestorben war. Meine Mutter war damals zwei Jahre alt. Die neue Frau, die *Stiefmutter*, konnte nur eins: gut mit Geld umgehen. Möglicherweise war das der Grund, sie zu hei-
5 raten: das Geld. Als Kind wollte ich mich nicht von ihr küssen lassen. Sie war eine Frau voller Bosheit und *Geiz*. Sie schloss das Mädchen, meine Mutter, in die Besenkammer ein. Dort gab sie der Kleinen kein Essen. Das *Dienstmädchen* hat ihr dann heimlich etwas zu Es-
10 sen gegeben. Ein Lieblingsessen des Kindes waren Bratkartoffeln. Einmal war es allein zu Hause und hat sich selbst Bratkartoffeln gemacht. Die Stiefmutter kam zurück und sah das Kind in der Küche, als es die Pfanne abwusch. Das Mädchen durfte ein Jahr lang keine Brat-
15 kartoffeln mehr essen, weil sie die Stiefmutter nicht vorher gefragt hatte. Wenn die anderen in der Familie Bratkartoffeln aßen, musste sie zusehen.

Wie kommt es, dass aus diesem Kind eine so freundliche, liebevolle Frau wurde?

20 Ich blieb einige Tage in Hamburg, besuchte sie. Ich kam zur Essenszeit und schob ihr vorsichtig mit einem Löffel Brei in den Mund. Kauen konnte sie nicht, nur langsam schlucken. Wenn ich kam und wenn ich ging, gab sie mir unser Zeichen mit den Fingern. Dann, ei-
25 nes Morgens, lag sie nicht mehr in dem Zimmer. Warum? Die Mutter war verlegt worden. Man hatte bei der

die Stiefmutter: die zweite Frau vom Vater
der Geiz: wenn man sehr sparsam ist, wenig Geld ausgibt
das Dienstmädchen: (altes Wort) eine Frau, die im Haus mitarbeitet

58

Aufnahme ins Krankenhaus gedacht, sie sei privat *versichert* und hatte sie auf die Privatstation vom Chefarzt gelegt. Sie war aber nur in einer einfachen Kasse versichert. Als das Krankenhaus das merkte, hatte man sie in ein Sechsbettzimmer umgelegt. Ich fragte nach dem 5 Preis des Zimmers in der Privatstation. Er war hoch. Das konnte ich nicht bezahlen. So blieb die Mutter im Sechsbettzimmer liegen. Sie drückte mir die Hand, versuchte zu lächeln. Sie lag nun im ersten Stock, wo sie mich vor 51 Jahren zur Welt gebracht hatte. Das Zim- 10 mer war sonnig und hell, die Arztschwestern freundlich. Sie hörte das Lachen und Reden der anderen Patientinnen. Langsam erholte sie sich wieder, konnte einige Worte artikulieren, sich leicht bewegen. Was ihr blieb, war ihr Humor. 15

Ich fuhr nach München zurück. Die Mutter wurde wenige Tage später aus dem Krankenhaus entlassen. Meine Schwester pflegte sie, unterstützt von einer ambulanten Pflegerin. Kurze Zeit später bekam sie einen zweiten Schlaganfall und wurde wieder ins Kranken- 20 haus eingeliefert. Die Krankenschwester rief mich an und sagte, der Mutter ginge es sehr schlecht. Ich fuhr sofort zum Flughafen, flog nach Hamburg, nahm ein Taxi. Im Krankenhaus kam mir die Krankenschwester entgegen und sagte, die Mutter sei vor zwei Stunden 25 gestorben.

Sie lag in einem kleinen Zimmer. Neben dem Bett war nur Platz für einen Stuhl. Sie lag da, so klein. Die Mut-

---

versichert: bei einer Krankenkasse

ter war zugedeckt mit einer weißen Decke. Die Hände
waren auf die Decke gelegt. Sie waren ineinander gelegt, aber nicht gefaltet, weil sie aus der Kirche ausge-
treten war. Um sie herum auf Kissen und Decke hatten
5 die Krankenschwestern *Gänseblümchen* gelegt, aus dem
Vorgarten des Krankenhauses. Die Hände sahen aus
wie von einem Kind, obwohl sie fast 90 war. Ich nahm
vorsichtig ihre rechte Hand. Sie war ganz kalt. Vorsichtig hob ich die Finger, und einen Moment meinte ich,
10 sie lacht. Nur hinten, am Kopf, im *Nacken*, spürte ich
noch ein wenig von der Wärme des Lebens. Vor dem
offenen Fenster sang eine Amsel. Otto hatten wir die
Amseln genannt, damals. Einen geheimer Code, den
niemand kannte. Ein geheimer Sprachschatz aus Kin-
15 dertagen.

das Gänseblümchen

der Nacken

Ich ging hinaus, in die Sonne, in diesen heißen Sommertag. Kein Wind, eine große Stille am Himmel.

Es war ein großer Wunsch der Mutter, ihm noch einmal
körperlich nah zu sein, um Abschied zu nehmen. Pri-
20 vat zum Grab zu reisen war in der Zeit unmöglich. Für

solche Reisen gab es in der *Sowjetunion* keine *Genehmigungen*. Sie war schon 74 Jahre alt, als sie mit einer Busreise losfuhr. Über Polen, in die Sowjetunion, nach Finnland und Schweden. Wenn sie dem Grab in Snamjenka nahe war, wollte sie mit einem russischen Privatwagen nach Snamjenka fahren. Das war ihre Idee. Sie konnte selbst nicht richtig daran glauben.

Eine ältere Frau, die mit im Bus gereist war, hat ein Tagebuch über die Reise geschrieben. Später hat sie dann alles abgeschrieben für meine Mutter. Fotos habe ich auch gefunden. Nach Snamjenka kam die Mutter nie.

Mit dem Tod der Mutter kam plötzlich der Wunsch, einmal nach Snamjenka zu fahren, zu mir. Ich wollte über den Bruder schreiben, hatte aber nie gedacht, selbst in die Ukraine zu fahren. Als ich das Tagebuch des Bruders las, seine Briefe, da wollte ich auf einmal die Landschaft sehen, wo er gekämpft hatte, wo er verwundet und gefallen war. Wo er andere verwundet und getötet hatte.

---

die *Sowjetunion*: ein großer zentralistischer, sozialistischer Staat in Osteuropa und Asien (1921-1991)
die *Genehmigung*: ein formales, schriftliches Okay

4.8.

Es geht wieder nach *Bjelgorod*.

5.8.

Russische Flieger greifen die kilometerlange Kolonne
5   an. Fahrzeuge explodieren. 2 Tote und 3 Verwundete.

6.8. Die Fahrt geht weiter.

Das ist der letzte datierte Satz: „Die Fahrt geht weiter."

Danach kommt nur noch ein Satz ohne Datum. Zwischen dem 7.8. und 19.9., dem Tag seiner Verwundung,
10   hat er nur einen Satz aufgeschrieben: „Hiermit schließe
ich mein Tagebuch. Ich finde es unsinnig, über so grausame Dinge, wie ich gesehen habe, Buch zu führen."

Ich hatte an das militärhistorische Archiv in Freiburg
geschrieben. Ich wollte das Kriegstagebuch der To-
15   tenkopfdivision von 1943 ansehen. Als ich in Freiburg
ankam, war die *Akte* leer. Der Inhalt der Akte fehlte.
Das Kriegstagebuch war nach dem Krieg in die USA
gekommen. Vielleicht war es dort aus der Akte genommen worden. Warum?

20   Später war ich zu einer *Lesung* nach Kiew eingeladen.
Von dort wollte ich einen Wagen mieten und die ca.
800 Kilometer nach Snamjenka fahren. Am Tag nach
meiner Ankunft in Kiew wurde ich im Hotel durch Te-
lefonklingeln geweckt. Es war die Uhrzeit, in der der

Bjelgorod: eine Stadt in Russland, nahe der Grenze zur Ukraine
die Akte: hierin liegen wichtige Dokumente
die Lesung: das Vorlesen, (hier) der Autor liest aus seinem Buch vor

Bruder verwundet worden war. Ich versuchte aufzustehen. Es ging nicht. Meine Beine schmerzten. Es war ein riesiger Schmerz. Als ich schließlich den Hörer griff, war niemand am Apparat. Ich setzte mich in den Sessel. Wo taten die Beine am meisten weh? Es war ein 5 Krampf in beiden Beinen, der nur langsam weg ging. Ich stand auf, rasierte mich, duschte, zog mich an. Unten im Hotel wartete schon der Fahrer, der mich zu der Lesung in der Universität bringen sollte.

Die Diskussion mit den ukrainischen Germanisten und 10 Deutschlehrern war sehr herzlich. Denkt man an die Vergangenheit, war es *beschämend*. In der Kaffeepause ging ich zur Toilette. Ich blickte in den Spiegel und sah nicht mich, sondern einen anderen. Das Gesicht war fast weiß, um die Augen tiefes Schwarz und Violett, wie 15 bei einem Sterbenden. Ich fragte später die Diskussionsleiterin, ob sie das gesehen hätte und sie sagte: „Ja. Ich wollte es aber nicht sagen, um Sie nicht zu irritieren." Plötzlich, mitten in der Diskussion, hatte sie gesehen, wie es bei mir um die Augen auf einmal violett 20 wurde. Als hätte ich Schläge auf die Augen bekommen.

Am Nachmittag rief ich in der deutschen Botschaft an und fragte nach dem Friedhof in Snamjenka. Man sagte mir, der Friedhof sei vor wenigen Wochen *aufgelöst* worden. Siebentausend Skelette lägen in einer leeren 25 Fabrikhalle. Der Mann, der den Schlüssel für die Halle hat, wäre aber nicht dort. Er wäre auf der Krim, um

---

beschämend: blamabel, traurig machend
aufgelöst: nicht mehr da

die *Umbettung* vorzubereiten. „Sie können nicht in die Halle, sie ist zu", sagte mir der Mann bei der Botschaft.

Einen Moment überlegte ich, ob ich wirklich nach Snamjenka fahren sollte. Ich bin dann aber doch ge-
5 fahren, zum Dnjepr, zu der Stelle, wo die Rote Armee über den Fluss gegangen war. In diesem Kampf hatten hunderttausend Rotarmisten das Leben verloren. Ein Denkmal steht dort, mit den Namen aller sowjetischen Regimenter, die am Kampf teilgenommen haben. Es
10 liegt auf einem kleinen Berg und man kann von hier weit über den Dnjepr und das flache Land sehen.

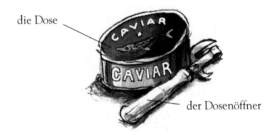

die Dose

der Dosenöffner

Wir setzten uns ins Gras, und der Fahrer packte *Do-sen* mit Kaviar aus, die wir für wenige Dollar auf dem Markt in Kiew gekauft hatten. Er hatte den *Dosen-*
15 *öffner* vergessen und nahm sein Taschenmesser. Wir aßen den Kaviar mit weißen Plastiklöffeln aus der Dose und tranken aus Wassergläsern Wodka. Eine Frau kam und schenkte uns hart gekochte Eier. Wir wollten ihr Kaviar schenken, aber sie wollte lieber den
20 Wodka trinken.

| *die Umbettung*: der Umzug der Skelette

Später fuhren wir nach Kaniw, einer Stadt am Dnjepr. Noch näher kam ich auf dieser Reise nicht an das Grab des Bruders. Kaniw war nach der Zerstörung im Krieg neu aufgebaut worden. Es gab einen Busbahnhof und gegenüber ein Theater, das schon lange leer stand. Die 5 Arbeitslosigkeit lag bei 90 Prozent.

Der ukrainische Fahrer, der sehr gut Deutsch sprach, lud mich ein, seine Familie zu besuchen. Wir saßen im Garten und tranken Kaffee. Später holte der Vater des Fahrers eine Flasche Wodka. Wir *stießen an*. *Druschba*! 10 Ich blieb an diesem Nachmittag in dem Garten sitzen. Ich sagte mir, es sei besser mit Menschen zusammenzusitzen als weiterzufahren.

Ein Onkel hatte sich zur SS gemeldet. Er war eine kurze Zeit bei der SS-Mannschaft im KZ Neuengamme ge- 15 wesen. Es wurde erzählt, ihm sei schlecht geworden. Johann, genannt Jonny, konnte gar kein Blut sehen, sagte meine Tante Grete. Er hatte sich von der Wachmannschaft freiwillig an die Front gemeldet und kam zur bosnischen Waffen-SS. Aber er war ein *Hundert-* 20 *fünfzigprozentiger*. Als er einmal im Krieg auf Urlaub gekommen war, stand meine Großmutter gerade auf der Leiter und hängte frisch gewaschene Gardinen auf. Er sagte ihr: „Das, was mit den Juden gemacht wird,

---

anstoßen: die Gläser leicht aneinander stoßen
Druschba!: (auf Russisch und Bulgarisch) Freundschaft!
ein Hundertfünfzigprozentiger: jemand, der ganz und gar eine politische Idee gut findet, (hier) zu 150 % Nationalsozialist sein

ist ganz in Ordnung." Meine Großmutter hat ihm die nassen Gardinen um die Ohren geschlagen.

Die Mutter, die sich nicht für Politik interessierte, fragte sich selbst: „Was hätte ich tun können?" – We-
5 nigstens hätte ich nachfragen können", sagte sie. „Wo waren die jüdischen Familien aus der Nachbarschaft geblieben? Diese Frage, die hätte man sich selbst und auch den Nachbarn stellen müssen." Aus Furcht vor beruflichen Nachteilen und Angst vor dem Terror des
10 Regimes wurde nicht darüber gesprochen.

In den Fünfzigerjahren, als die *Wiederbewaffnung* von der Bundesregierung beschlossen wurde, kam die Schwester meines Vaters zu Besuch. Sie fragte meine Mutter, ob sie mit zu einer Demonstration gegen die
15 Wiederbewaffnung auf den Rathausmarkt komme. Der Mann der Tante durfte aber nichts davon wissen. Ist meine Mutter damals gegangen? Ich habe es sie leider nicht gefragt.

Der Vater reagierte *beleidigt* auf das Ende des Krieges. Er
20 fühlte keine Trauer über die Zerstörung. Er wollte alles besser wissen. Er sagte, er sei kein Nazi gewesen und ar-
gumentierte, die Alliierten hätten auch Schuld gehabt: „Warum haben die Engländer, die Amerikaner nicht die Eisenbahngleise zu den KZ bombardiert? Wenn die

die Wiederbewaffnung: wieder eine Armee und andere militärische Strukturen aufbauen
beleidigt: sauer, verletzt

Alliierten es doch schon 1943 gewusst hatten. Und warum haben sie nicht die *Krematorien* bombardiert? Warum waren die Juden nicht rechtzeitig in den USA, in England aufgenommen worden?" Er versuchte, die Sieger zu Mitschuldigen zu machen. Er versuchte sich 5 herauszureden und sagte: „Ich habe selbst nur Befehle und Gehorsam gekannt." Aber von wem kamen die Befehle, wie wurden sie weitergegeben? Wer trug die Verantwortung? Dazu sagte er nichts. Als Jugendlicher merkte ich, dass sich andere Leute auch herausredeten 10 und keine Verantwortung übernahmen. Daher liefen nach dem Krieg die *Massenmörder* frei herum, wurden Richter, Polizisten, Professoren.

Der Vater hatte eine ruhige, mitteltiefe Stimme. Er erzählte mir abends Geschichten, die er sich ausdachte. 15 Fotos von uns beiden zeigen ihn in Uniform oder mit Hut und Anzug. Ganz anders waren die Fotos, die ihn mit dem Bruder zeigen. Er hat den Bruder vor sich auf dem Motorrad, neben sich im Auto, im Wohnzimmer auf dem Schoß. Damals war der Vater Ende zwanzig 20 gewesen. Ich habe nie mit ihm Fußball gespielt, auch kein anderes Spiel. Er war schon fast fünfzig und hatte das Geschäft, traf Freunde und Kameraden. Das war die Erwachsenenwelt. Ein Wort, was mich durch meine Kindheit begleitet hat: „*Reiß dich zusammen.*" 25

---

das *Krematorium*: eine Stelle, wo Tote verbrannt werden
der *Massenmörder*: jemand, der viele Menschen getötet hat
Reiß dich zusammen: Zeig keine Emotionen. Bleib hart.

Einmal haben wir, der Vater und ich, eine Bootsfahrt auf einem kleinen Fluss gemacht. Ich war elf Jahre alt. Ein Foto zeigt uns im Boot. Er im Anzug, ich in weißer Jacke und weißer kurzer Hose. Das Foto hat wahr-
5 scheinlich die Mutter aufgenommen, als wir zurückkamen. Ich hatte mir sehr gewünscht, diese Bootsfahrt noch einmal zu machen.

Zehn Reisetage gehören auch zur Erinnerung an glückliche Tage mit dem Vater. Eine gemeinsame Fahrt nach
10 Coburg. Die Mutter war im Geschäft in Hamburg geblieben. Der Vater und ich übernachteten in Coburg in einem guten Hotel. Das war ihm wichtig, ein gutes Hotel. Coburg war die Stadt, wo er zur Schule gegangen war. Als ältester von fünf Geschwistern war Hans aus
15 Hamburg hierher geschickt worden. Er kam mit 10 Jahren, ging zur Schule und wohnte bei Tante Anna und Onkel Franz Schröter, einem selbstständigen Präparator. Nach der Schule musste er in der Werkstatt helfen. Da hat er sehr gut gearbeitet. Der Onkel versuchte
20 später, ihn mit seiner einzigen Tochter zu verheiraten. Vielleicht erklären diese sieben Jahre, die der Vater in Coburg lebte, seinen Traum vom aristokratischen Leben. Coburg war die Residenzstadt des *Herzogs* von Sachsen-Coburg-Gotha gewesen, und das aristokrati-
25 sche Leben war noch ganz nah.

Für den Vater war diese Reise wie ein guter Traum. Er konnte stolz auf sich sein. Es war eine Zeit, da es ihm finanziell gut ging. Mit dem Sohn fuhr er mit seinem großen grünen Auto durch Coburg. Seine Höflichkeit

| *der Herzog*: ein Aristokrat, der direkt unter dem König steht

und sein gutes Benehmen wurden gern gesehen. Er traf seine Cousine, seine Nichten, Freunde und Bekannte. Aber von seinen Tierpräparationen redete er nie. Er wurde gegrüßt, und er wurde eingeladen von wohlhabenden Kameraden. Die Reise führte uns noch weiter. 5 Wir bestiegen Burgen und suchten in Wäldern nach Ruinen, die er früher gesehen hatte. Wir übernachteten in guten Hotels, aßen in den besten Restaurants. Er kannte sich gut aus in der Geschichte *Frankens*. Auf dieser Reise fiel mir auf, wie sehr er den Frauen gefiel. 10 Damals war er noch schlank, hielt sich gerade, war von der Sonne gebräunt. Das passte gut zu seinem blonden Haar und den hellblauen Augen. Er trug Anzüge.

So weit ich weiß, hatte er in der Zeit seiner Ehe keine Beziehung zu einer anderen Frau. Aber er fand es 15 schön, angeschaut zu werden. Und es gab einen wirtschaftlichen Aspekt: viele Kundinnen, vor allem die wohlhabenden, kamen nur für den Vater und kauften bei ihm Mäntel.

Es war eine kurze Zeit – drei, höchstens vier Jahre – in 20 der der Vater so war, wie er es sich wünschte.

Stalingrad, Charkow und Kiew waren die Städtenamen, die in Gesprächen immer wieder genannt wurden. Die Schlacht um Stalingrad. Die Rückeroberung Charkows, an der der Bruder beteiligt war. Kiew, wo der 25 Bruder und wenig später der Vater gewesen war. Aber sie hatten sich nicht getroffen. Von Kiew wurde erzählt,

| *Franken*: eine Region in Süddeutschland

69

wie die Russen 1941 in Häuser und ganze Stadtviertel Sprengstoff legten und dann, als die Deutschen kamen, alles mit *Fernzündung* explodieren ließen.

Nicht geredet wurde über Babij Jar in der Nähe von
5 Kiew. Dort wurden am 7.10.1941 771 Juden ermordet. Sie wurden erschossen. Geld, Wertsachen, Wäsche und Kleidungsstücke hatten sie vorher abgeben müssen. Die Fotos zeigen eine Prothese, einen schwarzen Schuh, ein weißes Hemd. Oder ein anderes: einen Kinderschuh,
10 einen Pelzmantel, eine braune Handtasche, eine Kindermütze. Auf einem anderen Foto sind zwei deutsche Soldaten zu sehen. Sie heben am Boden liegende Kleidungsstücke hoch. Sie suchten nicht nach Wertsachen. Sie suchten nach kleinen Kindern, die die Mütter vor
15 der Erschießung retten und unter der Kleidung verstecken wollten.

Die Fotos zeigen auch – die Sonne schien.

Es gab Männer, die nein gesagt haben und nicht auf Zivilisten geschossen haben. Aber es waren nur wenige,
20 und es waren nicht die normalen Männer.

Die Schwester lag schon zum zweiten Mal wochenlang im Krankenhaus. Immer größer wurde ihr Wunsch, noch einmal nach Hause zu kommen. Warum war ihr Leben so, wie es war? Sie sprach im Krankenhaus mehr

---

die Fernzündung: Technik, um von weit weg eine Bombe explodieren zu lassen

vom Vater als von der Mutter. Sie sprach auch noch, als sie durch einen leichten Schlaganfall im Sprechen behindert war. Sie dachte über das Leben des Vaters nach, das *gescheiterte* Leben.

Ihr eigenes Leben wäre auch fast gescheitert. Aber mit 72 Jahren, nach ihrer Operation, hatte sie ihr Glück gefunden. Sie hatte einen Mann kennengelernt, von dem sie immer wieder mit Liebe sprach. Der Mann war bis zu seiner Pensionierung der Arzt der Familie gewesen. Er wohnte in derselben Straße, nicht weit weg. Aber hier standen keine vierstöckigen *Mietshäuser*, sondern kleine Villen. Die Schwester begegnete dem Arzt manchmal. Sie grüßten einander, redeten ein paar Worte. Dann, eines Tages, im Frühling, traf sie ihn in dem kleinen Park. Ihre erste Operation war da vor zwei Jahren gewesen. Sie redeten wie sonst miteinander. Er war damals 76 Jahre alt. Sie hatte von Nachbarn gehört, dass seine Frau vor einigen Monaten gestorben war. Sie sagte ihm: „Es tut mir leid." Die Frau hatte in der Arztpraxis geholfen, die Schwester hatte sie gekannt. Sie redete mit dem Arzt etwas über das Wetter. Sie erzählte, dass sie jeden Nachmittag in diesen Park gehe und sich bei Sonne auf eine Bank setze. Sie sah, wie *mager* er war. Das Gesicht war grau und sie sah, dass seine Hosen ungebügelt waren, das Hemd offen. Und sie sah, er war seit Tagen nicht rasiert. Da fuhr sie ihm

gescheitert: nicht geglückt, ohne Erfolg
das Mietshaus: dieses Haus gehört jemand anderem. Darum muss man jeden Monat Miete bezahlen um da zu wohnen
mager: sehr dünn

spontan mit der Hand über die Wange und sagte: „Sie müssen sich rasieren." – „Für wen?", fragte er. Zwei Tage später traf sie ihn wieder im Park und sie sah, er hatte sich rasiert. Zunächst redeten sie über dies und das, dann sagte er plötzlich: „Fühlen Sie" und hielt ihr seine Wange hin. Sie strich ihm über die Wange und sie war weich und glatt.

So begann es. Das Glück ihres Lebens, wie sie sagte. Zweieinhalb Jahre sollte sie noch Zeit haben. Sie kaufte sich neue Sachen. Schuhe, Hosen, Pullover in hellen Farben. Rote Handschuhe. Sie hatte nie rote Handschuhe getragen. Sie fuhren gemeinsam nach Sylt. Auf dem Foto steht sie am Meer, mit den Haaren im Wind, mit einem Lächeln. Sie ist nicht die Schwester, die ich bis dahin gekannt hatte.

Das Tagebuch hat der Bruder am 14. Februar 1943 begonnen:

Jede Stunde warten wir auf Einsatz.
Februar 15.
Gefahr vorüber, warten.
Februar 16.
Die Russen gewinnen immer mehr.

So geht es Tag für Tag. Den Bruder sieht man dabei nicht. Keine Ängste, keine Freude, kein Schmerz. Nichts wird gezeigt. Er registriert nur.

März 18.
Weiter Bombenangriffe der Russen. 1 Bombe in unser
Quartier, 3 Verwundete. Ich nehme mein Maschinen-
gewehr und knalle drauf. Feuer.

Auf dieser Seite zeigt sich etwas von dem Körper des 5
Bruders. Die Finger haben sich schwarz auf das Papier
gedrückt.

Ein deutscher Offizier hatte sich in seiner Heimatstadt
auf der Straße mit einem befreundeten Juden gezeigt. In
der Zeit waren Juden mit einem Stern gekennzeichnet. 10
Der Offizier wurde entlassen. Es war mein Wunsch, der
Bruder und der Vater wären so gewesen, wie der deutsche Offizier.

Seit ich an diesem Buch arbeite, seit ich die Briefe, das
Tagebuch lese und immer wieder lese, habe ich Augen- 15
schmerzen. Der Schmerz ließ mich nicht schlafen. Er
machte das Leben und Schreiben unmöglich. Die Mutter, der Vater, der Bruder haben nichts gesehen, weil sie
nicht sehen wollten. Sie haben weggesehen.

Der Junge, ich, war einmal zu spät gekommen und 20
hatte, was er kaufen sollte, vergessen. Ich weiß heute
nicht mehr, was es war. Der Vater schickte den Jungen
nach Hause mit den Worten: „Am Abend bekommst
du *Prügel*." Am Abend kam der Vater. Die Tür ging auf,
der Vater legte den Mantel ab, zog den Ledergürtel von 25
der Hose, und der Junge musste sich bücken. Der Vater

| *die Prügel*: bekommt man, wenn man geschlagen wird

schlug zu. Die Mutter sprach dagegen, aber er schlug weiter. Es war das einzige Mal, dass er mich prügelte. Die Gewalt war normal. Überall wurde geprügelt. Aus Aggression, aus Pädagogik. In der Schule, zu Hause, auf 5 der Straße.

Der Junge fuhr mit seinem Roller auf dem Fahrradweg. Ein Radfahrer kam vorbei und gab ihm – einfach so – eine Ohrfeige. Der Junge fiel vom Roller. „Richtig so", sagte ein Fußgänger.

10 Die Gewalt in der Schule. Es wurde mit dem Stock geprügelt, mit dem Lineal auf die flache Hand geschlagen. Eine Lehrerin riss dem Jungen einmal eine Hand voll Haare aus. Der Vater sah das und ging in die Schule, um zu protestieren. Dem Jungen war das so *peinlich*, dass er 15 danach nichts mehr zu Hause sagte von Körperstrafen in der Schule.

Ich träumte von einer klassenlosen Gesellschaft, wurde später Kommunist. Aber dann verließ ich die Partei. Der Einzelne ist nichts, die Partei alles. Der Mut, allein 20 für sich selbst nein zu sagen. Nein zu sagen. Auch gegen den Druck des sozialen Kollektivs.

Hiermit schließe ich mein Tagebuch. Ich finde es unsinnig, über so grausame Dinge, wie ich gesehen habe, Buch zu führen.

| *peinlich*: unangenehm, nicht recht

Ich habe diese Stelle während des Schreibens wieder und wieder gelesen. Es ist, als fiele ein Licht in die Dunkelheit. Wie kommt es zu diesem Satz? „Ich finde es unsinnig, über so grausame Dinge, wie ich gesehen habe, Buch zu führen." Sind damit auch die Gegner und Opfer gemeint, die russischen Soldaten und Zivilisten? Die Juden? In dem Tagebuch findet man nichts Antisemitisches, wie in den Briefen von anderen Soldaten. Die Notizen sagen es nicht.

Die Veränderungen am Vater. Er wurde immer dicker vom Alkohol. Er ging nicht mehr gerade. Er trug keine Krawatte mehr, das Hemd war offen. Er hatte Herzbeschwerden, konnte nicht richtig atmen, rauchte, trank, ging erst um zwei oder drei Uhr ins Bett, kam morgens um elf oder zwölf aus dem Schlafzimmer. Grau im Gesicht.

Der Vater hat nie etwas über seine Kindheit erzählt. Hart soll sie gewesen sein, erzählte die Tante. Mit elf oder zwölf Jahren war er zu diesem Onkel gekommen. Ein guter Schüler soll er gewesen sein. Er war viel allein. Morgens war er in der Schule, nachmittags half er in der Werkstatt beim Präparieren. Einen jungen *Raben*, der aus dem Nest gefallen war, hatte er sich *gezähmt*. Mit diesem Raben auf der Schulter soll er herumgelaufen sein. Es ist das einzige Detail aus seiner Kindheit, das ich kenne.

der Rabe, siehe Zeichnung auf Seite 76
zähmen, zahm sein: nicht mehr wild sein

der Rabe

Ich wurde nachts von der Mutter geweckt. Es war ein
heißer Tag, der 1. September 1958. Auch nachts um
drei Uhr war es noch heiß. Ich ging hinunter in das
Geschäft, da lag er am Boden. Der linke Arm weit aus-
5 gestreckt, das Gesicht war grau. Er lag im Anzug da.
Dem dunkelgrauen. Er hatte, obwohl es so heiß war, die
Jacke nicht ausgezogen. Später im Krankenwagen fragte der Sanitäter mich kurz nach dem Vater. Geboren
am 5. November 1899. Er schrieb es in ein Formular.
10 Da fiel plötzlich der Arm des Toten herunter und traf
den Sanitäter am Rücken. Er stieß einen kleinen Schrei
aus. Ich legte den Arm liebevoll zurück auf die Brust des
Vaters.

Auf dem Hof des Hafenkrankenhauses stiegen wir aus.
15 Der Sanitäter öffnete die Tür und ließ sie offen stehen. Ich stand und wartete. Nach einiger Zeit kam ein
Arzt langsam über den Hof gegangen, eine Zigarette
im Mund, den weißen Kittel trug er offen. Er begrüßte
mich mit einem Kopfnicken und stieg in den Wagen.
20 Dann warf er seine halb gerauchte Zigarette aus der Tür,
zog eine kleine Taschenlampe aus der Kitteltasche und
leuchtete damit in die Augen des Vaters. Er kletterte
aus dem Unfallwagen, gab mir die Hand und sagte:

„*Mein Beileid.*" Auf die Frage, woran der Vater gestorben sei, sagte er: „Muss man sehen."

Ich habe dann das Geschäft übernommen und arbeitete zusammen mit der Mutter und der Schwester an den Geldschulden. Die ersten ein, zwei Jahre nach seinem 5 Tod hatte ich mehrmals einen Traum, einen schrecklichen Traum: Die Ladenglocke geht und der Vater kommt herein, groß und wie ein Schatten. Er hatte sich nur tot gestellt. – Der Traum verlor sich, als ich mich auf das Abitur vorbereitete. 10

Manchmal, sehr selten, ist er mir nahe.

Ein Foto zeigt ihn im Baltikum. Er steht im Schnee, in Uniform und Stiefeln. Er steht da und lacht. Er sieht auf dem Foto ein bisschen so aus wie der Bruder und wie ich. Nur auf diesem kleinen Foto und aus der Distanz 15 der Kamera.

Das Besondere am Tagebuch des Bruders ist, dass es dieses Buch gar nicht geben dürfte. Es war verboten, Tagebuch zu schreiben, vor allem bei der SS. Ein Tagebuch konnte leicht in die Hände der Feinde kommen, 20 es könnte dann etwas über die Truppe bekannt werden. Und man konnte lesen, wo die Truppe wann gewesen war. Das konnte ich auch jetzt nach 60 Jahren noch herauslesen. Das erklärt die Kürze des Tagebuches, die Kürze der Notizen. Ganz besonders war auch, wie das 25

„*Mein Beileid*": „Es tut mir leid" – Das sagt man, wenn jemand gestorben ist.

77

Tagebuch zu uns gekommen war. Eine offizielle SS-Stelle hat das Tagebuch geschickt. Wahrscheinlich lag das an der Bürokratie: die Dinge, die der Bruder hatte, wurden meiner Mutter zugeschickt. Ein kleiner Kasten mit
5 Briefen, dem Orden, ein paar Fotos, einer Zahnpasta und einem Kamm. Und das Tagebuch.

Hiermit schließe ich mein Tagebuch. Ich finde es unsinnig, über so grausame Dinge, wie ich gesehen habe, Buch zu führen.

AUFGABEN ZUM TEXT

1. Was weißt du über den Bruder?
a. Notiere Stichpunkte in dein Heft.
b. Vergleiche deine Notizen mit denen deines Partners.

Name: _____

Geburtsjahr: _____

Geburtsort: _____

Haarfarbe: _____

Ausbildung: _____

Kriegsdienst: _____

Todesdatum: _____

Er wurde ____ Jahre alt.

2. Zeichne einen Stammbaum der Familie Timm in dein Heft.

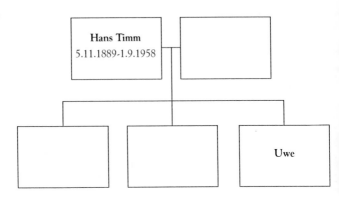

a. Trage die fehlenden Daten ein. Achtung! Du musst manchmal kombinieren und rechnen. Manchmal fehlt auch etwas.
b. Was fällt dir auf? Sprich mit deinem Partner darüber und schreibe dann zwei bis drei Sätze auf.

3. Der Vater in Amerika?
Der Vater bekommt das Angebot in Amerika als Präparator zu arbeiten. Er überlegt, ob er gehen soll oder nicht.
a. Notiere jeweils drei Pro- und Contra-Argumente aus dem Text.
b. Soll der Vater nach Amerika gehen? Ihr bildet eine Pro- und Contra-Gruppe. Findet selbst noch weitere Argumente. Diskutiert in der Klasse.

4. Wenn der Karl-Heinz da wäre…
a. Schreibe den Satz (von Seite 46) in die Mitte von einem Blatt Papier. Notiere passende Gedanken dazu in einer Mind-Map.
b. Vergleicht eure Mind-Maps in der Klasse.

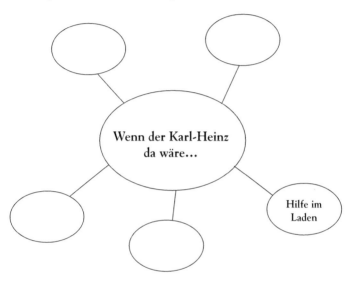

5. Die späte Liebe…
Die Schwester findet die Liebe ihres Lebens mit 72 Jahren.
a. Lies die Stelle im Buch noch einmal (Seite 71).
b. Welche Gedanken könnten der Schwester und dem Arzt beim Kennenlernen durch den Kopf gehen? Mache dir Notizen.
c. Schreibe ein Liebesgedicht oder einen Liebesbrief. Entscheide dich, ob du aus der Sicht der Schwester oder des Arztes schreibst. Nutze auch deine Notizen aus 5.b).

Ein Verzeichnis aller bisher erschienenen
EASY READERS in deutscher Sprache finden Sie
auf der nächsten Seite. Diese Ausgabe ist gekürzt und
vereinfacht und ist damit für den Deutschlernenden
leicht zu lesen. Die Wortwahl und der Satzbau richten
sich – mit wenigen Ausnahmen – nach der Häufigkeit
der Anwendung und dem Gebrauchswert für den
Leser. Weniger gebräuchliche oder schwer zugängliche
Wörter werden durch Zeichnungen oder Fußnoten in
leicht verständlichem Deutsch erklärt.
EASY READERS sind unentbehrlich für Schule
und Selbststudium.
EASY READERS sind auch auf Französisch, Englisch,
Spanisch und Italienisch vorhanden.

EASY READERS BISHER ERSCHIENEN:

Johanna Spyri: Heidi (0)

Gottfried August Bürger: Münchhausens Abenteuer (A)

Michael Ende: Lenchens Geheimnis (A)

Ursula Fuchs: Wiebke und Paul (A)

Peter Härtling: Ben liebt Anna (A)

Erich Kästner: Mein Onkel Franz (A)

Erich Kästner: Das doppelte Lottchen (A)

Siegfried Lenz: Lotte soll nicht sterben (A)

Inge Meyer-Dietrich: Und das nennt ihr Mut? (A)

Jo Hanns Rösler: Gänsebraten und andere Geschichten (A)

Heinrich Spoerl: Man kann ruhig darüber sprechen (A)

Till Eulenspiegel (A)

August Winnig: Das Römerzimmer/Der Schneider von Osterwyk (A)

Brigitte Blobel: Das Model (B)

Gerhard Eikenbusch: Und jeden Tag ein Stück weniger von mir (B)

Hans Fallada: Erzählungen (B)

Thomas Fuchs: Alleingelassen (B)

Peter Härtling: Paul, das Hauskind (B)

Marie Luise Kaschnitz: Kurzgeschichten (B)

Krystyna Kuhn: Bittersüßes oder Saures (B)

Erich Kästner: Emil und die Detektive (B)

Siegfried Lenz: Das Feuerschiff (B)

Usch Luhn: Blind (B)

Hansjörg Martin: Kein Schnaps für Tamara (B)

Gudrun Pausewang: Die Wolke (B)

Herbert Reinecker: Der Kommissar lässt bitten (B)

Andreas Schlüter: LEVEL 4: Die Stadt der Kinder (B)

Inge Scholl: Die Weiße Rose (B)

Heinrich Spoerl: Der Gasmann (B)

Otto Steiger: Einen Dieb fangen (B)

Friedhelm Werremeier: Zwei Kriminalstorys (B)

Christoph Wortberg: Novembernacht (B)

Brigitte Blobel: Eine Mutter zu viel (C)

Thomas Brussig: Am kürzeren Ende der Sonnenallee (C)

Susanne Clay: Der Feind ganz nah (C)

Jana Frey: Sackgasse Freiheit (C)

Albrecht Goes: Das Brandopfer (C)

Erich Kästner: Drei Männer im Schnee (C)

Siegfried Lenz: Lehmanns Erzählungen oder So schön war mein Markt (C)
So zärtlich war Suleyken (C)
Hansjörg Martin: Die lange, große Wut (C)
Angelika Mechtel: Flucht ins fremde Paradies (C)
Barbara Noack: Die Zürcher Verlobung (C)
Gudrun Pausewang: Du darfst nicht schreien (C)
Otfried Preußler: Krabat (C)
Herbert Reinecker: Fälle für den Kommissar (C)
Luise Rinser: Die Erzählungen (C)
Rosemarie von Schach: Tochterliebe (C)
Sybil Gräfin Schönfeldt: Sonderappell (C)
Gregor Tessnow: Knallhart (C)
Uwe Timm: Am Beispiel meines Bruders (C)
Uwe Timm: Die Entdeckung der Currywurst (C)
Stefan Zweig: Novellen (C)
Heinrich Böll: Erzählungen (D)
Erich Kästner: Der kleine Grenzverkehr (D)

Auf Grund gewisser Copyright-Bestimmungen sind einige
der oben genannten Titel nicht in allen Ländern erhältlich.
Bestellen Sie bitte den Easy Reader Katalog bei Ihrem Verleger.